# MÉMOIRES

DE

# L'ABBÉ GAUBERT

CHANOINE DE RABASTENS

CURÉ DE SAINT-PIERRE DE BRACOU
ET VICAIRE FORAIN DU DISTRICT DE GIROUSSENS

PUBLIÉS ET ANNOTÉS

PAR ÉMILE MARTY

(Extrait de l'*Albia Christiana*.)

ALBI
IMPRIMERIE COOPÉRATIVE DU SUD-OUEST
1912

# MÉMOIRES

DE

# L'ABBÉ GAUBERT

# MÉMOIRES
## DE
# L'ABBÉ GAUBERT

CHANOINE DE RABASTENS

CURÉ DE SAINT-PIERRE DE BRACOU

ET VICAIRE FORAIN DU DISTRICT DE GIROUSSENS

PUBLIÉS ET ANNOTÉS

## PAR ÉMILE MARTY

(Extrait de l'*ALBIA CHRISTIANA*)

ALBI
IMPRIMERIE COOPÉRATIVE DU SUD-OUEST
1912

# INTRODUCTION

L'abbé Gaubert a laissé deux manuscrits : le principal appartenait à feu M. Antonin Gaubert, à Rabastens; l'autre est conservé dans les archives paroissiales de Saint-Pierre de Bracou.

Le premier est aujourd'hui en la possession de M<sup>lle</sup> Hortense Gaubert, nièce et héritière de M. Antonin Gaubert, qui a eu la bienveillance de nous le confier et de nous autoriser à le publier. De son côté, M. Boutibonnes, curé actuel de Bracou, ayant eu l'obligeance de nous communiquer le manuscrit dont il a la garde, cela nous a permis de réunir dans la présente publication l'œuvre complète de l'abbé Gaubert.

Du vivant de M. Antonin Gaubert, nous essayâmes à deux reprises d'avoir communication de son manuscrit; mais, chaque fois, M. Gaubert nous répondit : « *Je confiai ce registre à M. Louis de Combettes, qui me le demanda de la part de son cousin M. de Combettes-Labourelie, et depuis je n'ai jamais pu rentrer en sa possession. A la mort de ce dernier, j'allai même au château de Labourelie, mais les recherches restèrent infructueuses.* » Or, postérieurement à ces déclarations, l'abbé Lauzeral, alors curé de Pugnères, nous disait dans une de ses lettres qu'il était « en train d'analyser le *Manuscrit Gaubert* ». Malheureusement, l'abbé Lauzeral mourut peu de temps après, et il nous fut impossible de faire aboutir nos investigations auprès de sa mère. Pour quels motifs M. Gaubert, qui semblait nous honorer d'une amitié sincère, ne voulut-il jamais nous confier ce manuscrit? Il y a là un secret que M. Gaubert a emporté avec lui dans la tombe. Par conséquent, si personnellement nous venons tard, pour l'honneur de l'abbé Gaubert, à publier ses Mémoires, c'est par suite de circonstances indépendantes de notre volonté.

L'abbé Jean Gaubert, frère jumeau de Joseph Gaubert, avocat, et fils de François-Louis Gaubert, bourgeois, et d'Anne de Maruéjoul, sa seconde femme, naquit à Rabastens le 6 mars 1685.

Il reçut les ordres mineurs à Albi, le sous-diaconat à Castres, le diaconat à Cahors, et la prêtrise à Lectoure le 20 décembre 1710 ; mais, depuis le 18 août 1709, il était titulaire d'un canonicat de Rabastens, que lui avait conféré le Père Jean-Pierre du Fournel, recteur du collège des Jésuites de Toulouse et en cette qualité prieur de Rabastens.

Le 11 mars 1712, Jean Curbale, son oncle, lui résigna la cure de Saint-Pierre de Bracou, et il en prit possession le 19 du même mois. L'année suivante, l'abbé Gaubert ayant renoncé à son canonicat, le chapitre, assemblé le 23 juin 1713, lui accorda la dignité de chanoine honoraire. C'est à ce titre qu'il assista, pendant plus de quinze ans, à toutes les cérémonies du chapitre, processions publiques, etc.

En 1740, l'abbé Gaubert fut l'objet d'une distinction particulière. Par ordonnance de l'archevêque d'Albi du 19 octobre de cette année, il fut nommé vicaire forain du district de Giroussens, en remplacement de l'abbé Joseph Castanier, curé de Giroussens, qui mourut le 2 novembre suivant.

Six ans plus tard, l'abbé Gaubert, atteint de la goutte, proposa à l'archevêque d'Albi Guillaume Roquier, prêtre de Rabastens, pour le suppléer dans sa paroisse. Le 30 octobre 1746, l'archevêque lui adressa à ce sujet une lettre des plus élogieuses, que nous nous faisons un devoir de reproduire ici :

« *Il est bien juste, Monsieur, de vous procurer les secours que vos infirmités vous rendent nécessaires, et il suffit que vous aiez jeté les yeux sur M. Roquier, pour qu'on s'empresse à l'approuver ; c'est ce que je fais avec autant de plaisir que l'état douloureux où vous êtes me fait de la peine. Ménagez votre santé, Monsieur, pour le bien de votre paroisse, de votre district et du diocèse, dont vous faites l'édification.* »

Cette lettre et le titre de vicaire forain que possédait l'abbé Gaubert sont un témoignage éclatant de ses vertus et de la haute considération dont il jouissait auprès de son archevêque.

Nous ne possédons aucun détail sur l'abbé Gaubert durant ses dernières années. Nous savons seulement qu'il mourut dans son presbytère le 19 juin 1750 et qu'il fut enseveli près de la croix du cimetière de Bracou [1].

Les armes de l'abbé Gaubert étaient *d'azur au chevron d'or, chargé de 7 losanges de pourpre, accompagné de 2 soucis d'or et d'un coq d'argent sur un roc d'or, en pointe ; au chef cousu de gueules, chargé d'un soleil d'argent, accosté de 2 rocs d'or*. Ces armes figurent en tête de notre publication [2].

\* \* \*

Le manuscrit qui appartient à M<sup>lle</sup> Gaubert, connu sous la dénomination de *Manuscrit Gaubert*, est un registre de 18 centimètres de largeur sur 25 de hauteur. Il contient 415 pages numérotées qui ont été utilisées et une centaine de feuillets blancs. Ce manuscrit a pour titre : *Antiquitez curieuses sur la ville de Rabastens d'Albigeois*. Les études historiques qu'il renferme embrassent la période comprise entre l'origine de Rabastens et le milieu du xviii<sup>e</sup> siècle. Sous des rubriques spéciales, l'abbé Gaubert a résumé tout ce qu'il a pu recueillir sur l'*origine de Rabastens, ses anciens nobles, son administration municipale, son hôpital, ses ponts, ports, moulins, églises, chapelles, couvents, confréries, etc.* D'autres chapitres sont consacrés aux églises de *Saint-Amans*, de *Saint-Geniez*, de *Giroussens* et de *Saint-Pierre du Puy* et aux consulats de *Loupiac* et de *Mézens*. Enfin, ce manuscrit contient trois dessins : *les vues du clocher de Notre-Dame du Château avant sa chute, en 1723, et après sa reconstruction, et une vue de l'église des Cordeliers*. Un seul de ces dessins, le premier, présente un intérêt archéologique. Nous en donnons la reproduction dans cette publication.

Le manuscrit qui fait partie des archives paroissiales de Saint-Pierre de Bracou ne concerne que cette paroisse. Commencé par l'abbé Gaubert, ce manuscrit a été continué par les curés de cette

---

1. Par suite d'une méprise, l'abbé Quérel a dit, dans son *Hist. de la confrérie des Pénitents Blancs de Rabastens*, p. 81, que l'abbé Gaubert fut plusieurs fois prieur de cette confrérie. C'est son frère, Joseph Gaubert, avocat, qui le fut en 1702 et en 1727. Leur grand-père, Pierre Gaubert, l'avait été en 1654.

2. A notre grand regret, nous n'avons pu donner ici le portrait de l'abbé Gaubert, parce qu'il n'existe pas.

paroisse jusqu'à nos jours. Il contient *la biographie des principaux curés, les réparations et embellissements successifs de l'église, quelques usages locaux, etc.* L'abbé Gaubert a consigné dans les deux manuscrits les principaux traits de sa biographie ; mais c'est dans celui-ci que nous avons puisé la date de son décès et la description de ses armes.

L'énumération des sujets narrés par l'abbé Gaubert permet de juger de l'importance de son œuvre et de l'intérêt qu'elle présente pour l'histoire de Rabastens. Mais ce qui contribue à donner une valeur inestimable au *Manuscrit Gaubert*, ce sont les copies de nombreux documents qu'il contient. Nous ne citerons que la charte concédée aux habitants de Mézens, en 1286, par Pierre-Raymond et Pelfort de Rabastens. Sans la copie de l'abbé Gaubert, il est probable que ce précieux document aurait été perdu pour l'histoire. Enfin, il ne faut pas oublier qu'à l'époque à laquelle vivait l'abbé Gaubert, tous les textes qu'il a transcrits étaient inédits et plusieurs le sont encore aujourd'hui.

Le *Manuscrit Gaubert* constitue donc la première étude complète qui ait été tentée de la ville de Rabastens. Et, quoique, çà et là, il s'y soit glissé quelques inexactitudes, l'ensemble n'en conserve pas moins toute sa valeur. D'ailleurs, tous les auteurs qui se sont occupés de Rabastens, entre autres le docteur Bérenguier, le comte de Toulouse-Lautrec et M. Rossignol, ont fait usage de ce manuscrit. Par conséquent, quels que soient les mérites des travaux publiés, l'on ne saurait sérieusement contester à l'abbé Gaubert le titre de *premier historien de Rabastens*. Toutefois, il est juste de citer ici les noms d'Antoine Sadoul, notaire de Rabastens de 1647 à 1693, et de Joseph Raynaud, chanoine de cette ville en 1720, dont les recherches ont fourni à l'abbé Gaubert une partie de son recueil.

En ce qui concerne notre rôle d'éditeur, nous avons estimé qu'il n'était pas possible de reproduire textuellement les manuscrits. En effet, non seulement plusieurs passages seraient restés incompréhensibles pour les lecteurs qui n'auraient pas connu à fond l'histoire de Rabastens, mais encore l'abbé Gaubert a dispersé dans son recueil de nombreux détails se rapportant à un même sujet. Nous avons donc modifié la tournure de plusieurs phrases et transposé sous la même rubrique tous les faits ayant trait au même sujet.

Quant aux documents transcrits dans le *Manuscrit Gaubert* qui ont été publiés, il était inutile de les reproduire dans la présente édition ; mais, afin de permettre au lecteur de juger de l'importance du recueil de l'abbé Gaubert, nous en donnons les titres avec l'indication des ouvrages dans lesquels ils ont paru.

Nous espérons que les futurs historiens de Rabastens nous sauront gré de la présente publication et qu'elle sera accueillie favorablement par tous les amis de l'histoire locale.

Enfin, nous prions M<sup>lle</sup> Hortense Gaubert de vouloir bien agréer l'expression de notre profonde gratitude.

Emile MARTY.

Paris, le 15 décembre 1911.

# MÉMOIRES DE L'ABBÉ GAUBERT

ORIGINE DE RABASTENS

Anciennement, la ville de Rabastens d'Albigeois étoit située dans le terroir appelé *las Bordos*, au-dessous de l'église de Saint-Jean de Blaunac. Il y a encore un cimetière, appelé *de Saint-Sernin*, sur la hauteur proche, dont il est parlé dans un cadastre de l'an 1400, qui étoit le cimetière de Rabastens, lorsque la ville étoit là [1]. Me Guillaume Falguière, lieutenant de juge au siège de Rabastens, décédé le 25 novembre 1745 et enterré dans la chapelle Saint-Antoine de l'église des Cordeliers de ladite ville, étoit propriétaire de ce cimetière.

La ville de Rabastens fut fondée par le roi de France appelé Pépin [2]. Me Joseph Raynaud, chanoine de Rabastens, qui déchiffre à merveille les anciens manuscrits, assure avoir veu dans la bibliothèque du collège de Foix de Toulouse un vieux livre, dont les feuillets sont de velin, écrit en caractères antiques, où il y a que le roi Pépin fonda Rabastens, *juxta Tar-*

---

1. Bien que l'auteur (Ant. Sadoul) soit d'accord sur ce point avec la tradition locale, il a néanmoins confondu la ville de Rabastens proprement dite avec les établissements *gallo-romains* qui ont existé dans ces parages. Quant au cimetière de Saint-Sernin, dont l'ancienneté ne remontait pas certainement à l'époque qui nous occupe, c'était le cimetière de l'église *Saint-Sernin de Bouboulé* et non celui de la ville de Rabastens (Voy. E. Marty., *Arch. des notaires de Rabastens*, p. 11). Dans une prochaine publication, nous indiquerons l'endroit exact où s'élevaient les anciennes églises *Saint-Sernin de Bouboulé* et *Saint-Jean de Blaunac*. Celle-ci était assez éloignée du lieu où l'a placée M. Rossignol sur la carte du canton de Rabastens.

2. Il s'agit ici sans doute du château, car la ville de Rabastens est incontestablement de fondation romaine ; mais, par *château*, qui est la traduction infidèle de *castrum*, il faut entendre ici une place fortifiée où se trouvaient de nombreuses maisons, telle que la merveilleuse cité de Carcassonne.

*num;* c'est-à-dire que ce roi fonda la ville de Rabastens *le long de la rivière du Tarn*[1].

Charlemagne apporta de Rome quantité de reliques des saints. Il en donna beaucoup à l'église Saint-Sernin de Toulouse et n'oublia pas d'en bailler quantité à celle de Rabastens, ville qu'il affectionnoit par prédilection, à cause que son père en avoit jeté les fondemens. Les reliques qu'il y a maintenant dans l'église Notre-Dame du Bourg de Rabastens sont magnifiquement enchâssées d'argent et en grand nombre. La croix processionnelle du chapitre de cette église, en vermeil avec des pierreries inestimables, est telle, qu'il n'y en a point de si précieuse loin d'ici, pas même à Toulouse. Or, une si petite ville que Rabastens n'étoit pas en état de faire de si grandes dépenses. Tout cela marque donc que ces richesses proviennent de la libéralité de quelque grand prince, tel que l'empereur Charlemagne, si libéral pour toutes les églises[2].

### ANCIENS NOBLES DE RABASTENS

Anciennement il y avoit des nobles à Rabastens qui étoient presque souverains. Raymond VI, comte de Toulouse, étant fort puissant, gagna le cœur de ces nobles, qui se donnèrent à lui le 11 février 1210 (*corr.* 8 février 1210 v. s.)[3]. Cet acte se

---

1. Ceci n'a rien d'invraisemblable. Nous savons, en effet, que le collège de Foix, fondé en 1457 par le cardinal Pierre de Foix, fut doté de deux bibliothèques, très riches en anciens manuscrits. Catel rapporte que le célèbre de Pithou et le savant de Lescale admirèrent les richesses de ces bibliothèques.
2. Le chapitre de Rabastens ne fut fondé qu'en 1547. D'autre part, il y a quelques grandes personnalités du moyen âge auxquelles on a rapporté tout ce qu'on ne pouvait expliquer. Saint Éloi, Charlemagne, Charles le Chauve ont vu ainsi leurs noms attachés à nombre d'objets d'art, de monuments, de reliques, dont l'origine flottait dans une atmosphère d'inconnu. Néanmoins, puisque la fondation du château de Rabastens par Pépin le Bref semble reposer sur une base solide, il y a lieu d'admettre, croyons-nous, les libéralités de Charlemagne en faveur de cette ville. Par conséquent, la croix du chapitre pouvait provenir de l'ancienne église Notre-Dame du Château.
3. Voy. E. Marty, *Cartulaires de Rabastens*, doc. n° 5.

trouve dans les archives de la maison de ville de Rabastens. Comme il est écrit en caractères très anciens et difficiles à déchiffrer, feu M. de Bussi, avocat de cette ville, fut chargé de le transcrire, ainsi que plusieurs autres fort curieux, dans un livre in-folio, qui a aux quatre coins de la couverture des chérubins de laiton [1]. M. Marragou, marchand, âgé de plus de 80 ans, m'a assuré avoir leu cet acte, lorsque M. de Bussi le transcrivoit dans ledit livre.

Dans cette donation, il est parlé de plus de douze de ces fameux nobles qui avoient des châteaux dans les environs de Rabastens. Deux [2] étoient de Saint-Pierre de Bracou ; un autre, de Saint-Genest ; un autre, de Raust ; un autre se nommoit Arnaud de Peyrole. La maison de Peyrole a produit des capitaines qui prirent part à la Croisade, des cardinaux et autres grands hommes. Elle étoit en possession de la forêt de Grésigne et de Castelnau-de-Montmiral ; mais le comte d'Armagnac lui enleva ce pais-là, et le roi le reprit à celui-ci.

On prétend que les nobles de Saint-Pierre de Bracou, cités plus haut, avoient leur château à Bracou, sur la côte qu'on trouve après le Port-Haut pour aller au hameau des Trégans. Au bout de cette côte, il y a une vigne, appartenant à présent (1740) au sieur Armengaud, où étoit anciennement ledit château ; car Bertrand Delpy, métaier dudit Armengaud, y a souvent trouvé des pierres de taille unies l'une à l'autre avec du fer et du plomb fondu.

Ce qui est certain, c'est que la plupart de ces anciens nobles résidoient ordinairement au Château de Rabastens [3]. On trouve que la maison de M. de Senaux et la joignante à celle-ci, situées à la place du Plô, appartenoient à ces anciens nobles, ainsi qu'une autre, située près de là, aiant appartenu à Dalbenx, notaire, et à Mᵉ François Resclause, ancien prieur de Loupiac, décédé chanoine de Rabastens.

---

1. C'est le *Livre des Anges*. (Voy. E. Marty, *Cartulaires de Rabastens*.)
2. Bernard et Bertrand de Bracou, frères.
3. L'ancien *castrum*, la cité de la ville actuelle, a toujours été appelé *lo Castel*, le Château. Cette dénomination subsiste encore de nos jours pour désigner ce quartier de la ville.

## ADMINISTRATION MUNICIPALE

Suit la transcription ou l'analyse des documents ci-après :

Préambule du cartulaire AA. 1 des Archives communales de Rabastens, sous la date erronée de 1303 pour 1333. (Voy. E. Marty, *Cartul. de Rabastens.*)

*Charte de coutumes ou de privilèges, accordée par Philippe le Bel aux habitants de Rabastens* (août 1288). (Voy. E. Marty, *Cartul. de Rabastens*, doc. n° 20.)

Acte qui montre que Mézens et Saint-Géry sont de la juridiction et consulat de Rabastens et, comme cette ville, inséparables et inaliénables du domaine royal (10 novembre 1351). (Voy. E. Marty, *Cartul. de Rabastens*, doc. n° 46.)

Instrument du 2 août 1401, retenu par Albine, notaire, prouvant que les consuls de Rabastens ont faculté de lever le droit de *barre* audit lieu.

Instrument du 15 août 1412, retenu par Albine, notaire, par lequel les consuls de Rabastens permirent à Raymond Delmule de bâtir une maison, joignant la porte du Pont-del-Pa, sous condition de laisser deux portes pour le passage de la garde.

Instrument du 16 juillet 1438, retenu par Albine, notaire, montrant que les consuls de Rabastens requirent les particuliers possédant maisons au-devant la porte du Pont-del-Pa d'icelles démolir.

Intrumens des 6 novembre 1456 et 3 novembre 1457, retenus par Albine, notaire, par lesquels les consuls de Rabastens arrentèrent le droit de *gourratage* à Jean Bories et Guillaume Carpentier, à condition de prendre 3 deniers pour pipe des marchands étrangers et non des habitants.

Instrument du 8 juin 1461, retenu par Terrène, notaire, par lequel fut fait séparation et division des juridictions et consulats de Rabastens et de Roquemaure.

*Confirmations des privilèges de la ville de Rabastens, faites par les rois Charles VII, en mai 1434, et Louis XI, en décembre 1466.* (Voy. E. Marty, *Cartul. de Rabastens*, doc. nos 57 et 58.)

Dans ses *Mémoires*, M^e Sadoul, notaire, dit avoir veu dans le IX^e livre de M^e Aubourg, notaire de Rabastens, deux instrumens de 1499 et 1500, suivant lesquels les consuls de ladite ville mettoient les ouvriers de l'œuvre de Saint-Antoine et ceux de la grand'œuvre de l'église Notre-Dame du Bourg.

Ceux qui possèdent maisons à Rabastens, rue de Ferrières, bâties sur les murailles de la ville, sont tenus de réparer lesdites murailles à leurs dépens, tant que durent leurs maisons, et on y peut faire garde et guêt, suivant instrumens passés entre les consuls et leurs prédécesseurs les 8 juin 1499 et 9 décembre 1500, retenus par Vaissière et Albine, notaires de ladite ville.

Instrument du 2 avril 1505, retenu par Albine, notaire, montrant que les consuls de Rabastens sont patrons de l'œuvre du Purgatoire de l'église Notre-Dame du Bourg. (Voy. E. Marty, *Cartul. de Rabastens*, doc. n° 71.)

*Arrêt du Parlement de Toulouse, séant à Grenade à cause du danger de peste* (31 août 1529).

Pour ôter la façon et manière mauvaise et scandaleuse qu'on a coutume de tenir en la création des consuls de Rabastens et obvier aux abus qui se commettent chaque année, la cour a ordonné et ordonne qu'il y aura en ladite ville 4 consuls : 3 des bourgs Soubira et Méja et le 4^e sera des forains habitans, comme anciennement étoit accoutumé, lesquels seront renouvelés chaque année, le dimanche après l'Assomption.

Dans les conseils de Rabastens, ceux qui ont été consuls opinent avant les autres conseillers. Au conseil tenu le 17 août 1608, il fut décidé que Pierre Figeac, ancien consul, opineroit avant Dalbière, qui n'avoit pas été consul.

Pour la tenue des conseils de Rabastens, le juge qui les préside a le droit de désigner des conseillers d'office, en remplacement des absents.

Le 17 août 1608, les consuls consentirent que M⁰ Roch de Combettes, juge, print un conseiller d'office, au lieu de M⁰ François Boissière, absent.

En la création des consuls du 1ᵉʳ septembre 1633, M⁰ Jean de Sabatier, magistrat présidial et commissaire à ce député par le Parlement, désigna deux habitans d'office, en remplacement de deux absens ; ce que ledit Parlement approuva par arrêt du 1ᵉʳ octobre suivant, comme étant juste et selon la coutume.

*Déclaration des biens et droits appartenant à la ville de Rabastens, juridiction et consulat d'icelle, faite par le sindic et consuls, pardevant les commissaires députez par le roi et la reine Marguerite, dame de la jugerie d'Albigeois et autres lieux* (3 juillet 1612).

La teneur est à peu près la même que le dénombrement fait en 1667. (Voy. E. Marty, *Cartul. de Rabastens*, doc. n° 94.) Toutefois, deux articles méritent d'être reproduits :

Art. 10. Les armes de Rabastens sont : *De sable à 3 raves d'argent, posées 2, 1, avec leurs racines et leurs feuilles.*

Art. 26. Les consuls prennent de l'arrentement du droit de *gardiage* la somme de 8 ou 9 livres, qui sont employées à l'achat du cierge pascal et flambeaux qu'ils ont acoutumé offrir à l'esglize paroissiale, sans toutefois que le prieur ou le recteur les puissent contraindre.

*Arrêt du Parlement de Toulouse* (30 oct. 1613).

Sur la requête présentée par M⁰ Etienne Lenfant, sindic des avocats de Rabastens, la cour ordonna qu'aux élections consulaires qui seroient faites à l'avenir audit Rabastens, les avocats, docteurs et licentiés opineroient suivant leur rang et ordre d'ancienneté.

Pour corriger l'abus qui s'étoit glissé dans Rabastens de commencer des procès criminels devant les consuls et d'en faire les poursuites aux dépens de la communauté, le conseil tenu le 24 octobre 1630 arrêta que les procès criminels pour les intérêts des particuliers ne seroient plus poursuivis aux dépens de la communauté.

*Arrêt du Parlement de Toulouse* (29 nov. 1635).

Par cet arrêt, la cour ordonna qu'en présence du juge d'Albigeois ou de son lieutenant au siège de Rabastens, ou en leur absence par devant le plus ancien docteur ou avocat audit siège, tous ceux ayant au moins 3 livres d'allivrement seroient tenus se trouver et opiner aux conseils généraux, lorsqu'ils seroient apellés à son de trompe du mandement des consuls, à peine de 100 sols d'amende, au profit de la ville.

*Arrêt du Parlement de Toulouse* (3 mars 1654).

Messire Louis de La Roque Bouillac, baron de Saint-Géry, demandait d'être maintenu définitivement dans le droit et faculté, attendu qu'il payait plus que l'allivrement nécessaire, d'entrer en tous les conseils politiques de Rabastens.

Pierre Branque, syndic de la communauté, Antoine Rolland, syndic des avocats, et Paul Rouquès, syndic des bourgeois de Rabastens, demandaient l'observation des coutumes de la ville et qu'inhibitions fussent faites au dit de La Roque Bouillac d'y contrevenir.

Le Parlement ordonna que la délibération de la communauté du 8 février précédent sortirait à effet et, ce faisant, permit à tous gentilshommes, ayant l'allivrement porté par les arrêts de règlements, d'entrer en tous les conseils politiques de Rabastens, avec pouvoir d'y donner leurs suffrages; faisant inhibitions à la partie adverse et tous autres de leur donner aucun trouble, à peine de 1,000 livres d'amende.

*Arrêt du Parlement de Toulouse* (12 juin 1716).

Cet arrêt, obtenu à la requête de Michel Verdier, lieutenant de maire et procureur-syndic de la communauté de Rabastens, renouvela la défense d'entrer des vins étrangers dans ladite ville depuis la fête de saint Michel jusqu'à celle de saint Julien.

## IMPOSITIONS

La taille *personnelle* étoit anciennement cotisée à Rabastens. En effet, par instrument du 25 septembre 1428, retenu par Rudelle, notaire, les consuls promirent à Jacques Combes de le tenir quitte de la taille *personnelle et autres*, moienant les réparations qu'il se chargeoit de faire aux ponts y désignez.

Dans un cadastre de Rabastens de l'an 1491, sont dénombrées les rentes apartenant à 106 seigneurs directs. Par conséquent, la coutume de cotiser les rentes dans ce consulat y est fort ancienne.

Par arrêt de la Cour des comptes, aides et finances de Montpellier, rendu le 10 juin 1631, il fut ordonné que toutes les rentes assises dans le consulat de Rabastens seroient cotisées conformément à l'ancienne coutume, et que les seigneurs directs les dénombreroient devant les consuls.

Par autre arrêt du 3 juillet 1632, la même cour ordonna que les cabaux, bétail gros et menu, meubles lucratifs, rentes, pensions, industries et argent tenu à intérêt seroient cotisez, à proportion de l'allivrement des terres, et qu'à ces fins il seroit fait annuellement, en conseil général, élection de 6 prudhommes, lesquels, duement assermentés, procéderoient à l'estimation desdits cabaux, etc.

Cet arrêt fut confirmé par autres de la même Cour des 19 mai 1634, 30 janvier 1636 et 15 janvier 1637.

Pour chaque 100 livres d'argent tenu à intérêt, on cotise 7 sols 6 deniers.

## MOULINS

Par instrument du 23 août 1429, retenu par Albine, notaire, les consuls de Rabastens baillèrent en acensement à Jacques Combes le dessous du pont de Murel, pour y bâtir une mouline. Bernard Rolland posséda ensuite cette mouline, puis M. Roquier, lieutenant de juge. Les héritiers de ce dernier la vendirent à Guillaume Bréthénou, qui la donna, par testament, à M. de Carrière, écuier.

Les réparations des ponts de Murel, de Pisserate[1] et del Pa doivent être faites aux dépens du possesseur de ladite mouline, laquelle est située au-dessous la muraille du château, apellée *de Laucale*, tendant dudit pont de Murel à la rivière de Tarn. C'est à cette condition que le dessous dudit pont fut acensé à Jacques Combes, par instrumens des 23 août et 25 septembre 1429, retenus par Pierre Albine, notaire.

Anciennement, il y avoit à Rabastens, sur le Tarn, des moulins *haut* et *bas*, comme se voit par une vente, faite par Combes à de Roux, d'un setier bled sur les moulins *inférieurs* de Rabastens, suivant acte du 23 mai 1433, retenu par Rudelle, notaire.

Par instrument du 3 février 1493, retenu par Aubourg, notaire, les consuls de Rabastens baillèrent en acensement, à Portier, un patu existant *supra portam Molendini*, sous la rente annuelle de 12 deniers, payable à la fête de saint Thomas, apôtre, à la charge de laisser *unam carreriam* de largeur de 3 cannes et de réparer à ses dépens le chemin pour aller aux moulins.

---

1. Le pont situé au bas de la côte des Abreuvoirs, sur le ruisseau *de Rocavolp*.

## PORTS

Les propriétaires ou fermiers des ports de Rabastens sont tenus de faire réparer non seulement les bateaux, mais aussi les chemins tendant aux ports, suivant instrumens d'arrentement des 20 septembre 1552 et 6 décembre 1554, retenus par François Albine, notaire, et plusieurs autres.

Lorsque messire Pierre Desplats, baron de Gragnagues, posséda partie des émolumens des ports de Rabastens, il refusa de faire réparer les chemins desdits ports. En vertu d'une délibération de la communauté, les consuls de Rabastens passèrent contrat avec Ant. Golce, maçon, le 15 novembre 1638, pour réparer les côtes du port haut et du port bas, moyennant le prix de 270 livres ; mais un arrêt du parlement de Toulouse condamna M. de Gragnagues à rembourser à la ville les frais qu'elle avoit faits.

En 1729, la communauté de Rabastens fit paver la côte du port haut ; il en coûta 1,120 livres. M. de Puisségur[1], écuyer, un des propriétaires des ports, et M. de Pagez, maire de Rabastens, son beau-père, réussirent auprès du conseil de ville pour le faire adhérer à cette dépense, sauf recours contre les propriétaires. Enfin, le diocèse donna 300 livres.

En 1678, on bâtit le pont apellé *de Bosc-Massié*, sur le ruisseau de Rieuvergnet, au bas de la côte de Bracou. L'ancien port haut de Rabastens étoit situé en face, sur l'autre rive du Tarn, au fond du jardin de M. Falguière, où il y a une grotte[2].

Le nouveau port haut est situé plus haut que l'ancien, près le lieu où étoit anciennement le moulin haut : on y voit encore un restant de muraille[3].

---

1. Pierre-Hercule de Chastenet, comte de Puységur, chevalier, seigneur de Barrast.
2. Ce jardin est aujourd'hui appelé *La Grotto*.
3. Cette muraille subsiste encore : *La murailletto*.

*Arrest du Conseil du 1er mars 1749, qui maintient Mrs de Villemur et de Puiségur dans la propriété d'un bac à Rabastens d'Albigeois, sur la rivière du Tarn, avec un tarif des droits du passage, à condition de réparer les chemins, chaussées et abords dudit bac, pour en rendre le passage sûr, commode et de facile accez, et autres charges, en faveur des communautez de Rabastens, Coufouleux, Giroussens et autres.*

Veu par le Roi, étant en son Conseil, les titres représentés, en exécution de l'arrêt rendu en icelui le 29 août 1724 et autres rendus en conséquence, tant par ledit sieur de Villemur, engagiste du domaine de Sa Majesté, que par le sieur Chastanet de Puiségur, se prétendant en droit de tenir un bac sur la rivière du Tarn, au lieu de Rabastens en Languedoc, et d'en percevoir les droits chacun par moitié ; sçavoir :

*Titres représentés par le sieur de Villemur.*

Extrait d'une reconnaissance, faite en 1461 [1] par les consuls de Rabastens, contenant qu'il y avoit audit lieu un droit de passage, dont la moitié appartenoit au Roi et l'autre moitié au sieur de Montbartier. Extrait d'un dénombrement, fourni le 18 juillet 1612 par les consuls de Rabastens, portant que le péage ou leude sur l'eau appartenoit au Roi et au sieur Paul d'Albière, et que les habitans de la ville et jurisdiction de Rabastens avoient droit de passer et repasser la rivière, sur les bateaux que le Roi et ledit d'Albière, successeur du sieur de Montbartier, étoient tenus de tenir au port bas et au port haut de ladite ville, en payant seulement 1 denier tournois le jour de Noël. Extrait tiré le 7 mai 1667 des privilèges de la ville de Rabastens, contenant un tarif des droits que les habitans doivent payer au bac. Copie d'un bail, fait le 22 décembre 1687 par le fermier des domaines du Languedoc de la part du Roi du port de Rabastens. Expédition d'un bail du 26 avril 1688, fait par ledit fermier, des droits de péage par eau à Rabastens, Coufouleux, Buzet, Bessières et Villemur. Copie du contrat de vente, faite par les commissaires députés pour l'aliénation des domaines, du 28 août 1688, au profit du sieur Bernard Deltil, conformément à l'adjudication qui lui en avoit été faite par l'intendant en Languedoc, le 3 juillet précédent, en vertu des lettres-patentes du 3 mai 1687, de la moitié du port de Rabastens, moyennant une redevance annuelle de 105 livres et du sol pour livre de ladite redevance. Expédition de baux, faits les 12 juillet 1695, 6 décembre 1699, 18 août 1705, 5 janvier 1712, 9 janvier 1715, 2 janvier

---

1. Lire 1491. (Voy. E. Marty, *Cartul. de Rabastens*, doc. n° 63.)

1718 et 25 septembre 1720 par le sieur Alma, inféodataire de la moitié du port et passage de Rabastens. Expédition d'autres baux des 9 novembre 1726 et 5 octobre 1730, faits par le sieur de Villemur de la moitié du port et passage du port haut de Rabastens. Déclaration faite pardevant notaire royal à Rabastens le 19 décembre 1731, par Bertrand Marti, fermier de la moitié du port de Rabastens, portant que le sieur de Villemur, propriétaire d'icelle, avoit droit de prendre des passagers audit port les droits y contenus ; qu'il étoit pareillement en droit de percevoir les droits en grains y spécifiés sur les météries situées dans le consulat de Coufouleux, et ce pour lui tenir lieu du payement du droit de passage audit port, dont les habitans étoient exempts en payant annuellement 1 denier par chaque maison [1].

*Titres représentés par le sieur de Puiségur.*

Extrait d'une quittance, donnée le 1er janvier 1562, de la somme de 39 livres, par Jean Decamps, fermier du port de Rabastens, pour la part du sieur de Montbartier, aux précédents fermiers. Copies de baux, faits les 28 décembre 1569 et 28 décembre 1571, des ports haut et bas de Rabastens, appartenant moitié au Roi et l'autre moitié à Antoine d'Astorc. Copie d'un contrat de vente, faite le 29 octobre 1593, par Bernard d'Astorc de Montbartier, au profit de Pierre France, des droits seigneuriaux qu'il percevoit dans la ville et jurisdiction de Rabastens, en paréage avec le Roi, consistant entre autres choses au port dudit lieu ; ensuite duquel est la déclaration dudit France du même jour, au profit de Paul d'Albière. Copie d'un bail, fait le 25 décembre 1604 par Paul et Géraud d'Albière, propriétaires de la moitié du droit des ports haut et bas de Rabastens. Copie d'un dénombrement fourni le 8 octobre 1613 par Paul d'Albière, portant qu'il avoit droit de prendre la moitié de tous les émolumens des deux ports de Rabastens, l'autre moitié appartenant au Roi ; qu'à cause de leur entretien, il avoit pareillement droit de lever annuellement, en paréage avec le Roi, sur chacun des habitans de la ville et fauxbourgs de Rabastens, un denier tournois, le jour de Noël, et un droit de gerbe sur ceux qui avoient leurs terres dans les consulats de Coufouleux et Giroussens ; comme aussi de lever sur les habitans de Parisot trois boisseaux de blé ou de seigle par paire de bœufs. Copie d'un contrat de vente, faite le 20 mai 1630, par Jean d'Albière, fils et héritier de Paul d'Albière, au profit du sieur Desplats, du quart du revenu des ports haut et bas de Rabastens. Copie d'inféodation, faite le 20 août 1635, à Jacob Oulié par les Trésoriers de France en la généralité de Toulouse, des deux ports de Rabastens, appartenant à Sa Majesté en paréage par moitié avec ledit Desplats, moyennant la rente annuelle de

---

1. Par arrêt du Conseil du 3 juillet 1686, il fut ordonné qu'il serait procédé à l'aliénation des domaines du Roi, sujets à réparations. En conséquence, la moitié des droits du port de Rabastens fut adjugée moyennant 105 livres de redevance annuelle et pareille somme, une fois payée. M. de Villemur fut institué légataire universel par Jean Halma, son oncle, inféodataire de plusieurs domaines. *(Archives Nationales.* Carton Q 1, n° 1.560.)

100 livres. Copie d'une transaction, passée le 31 août 1642, entre le sieur Desplats et les habitans de Rabastens, par laquelle ledit Desplats, comme étant aux droits dudit Oulié, a transporté ausdits habitans les droits du port qu'il possédoit par engagement, se réservant ceux qui lui appartenoient en vertu de l'acquisition faite de Paul et Géraud d'Albière. Copie du partage de la succession d'Anne Desplats, fait le 7 mai 1680, duquel il résulte que le port de Rabastens échut au sieur de Chastanet. Copie d'un bail, fait le 3 mai 1684, par ledit Chastanet des ports haut et bas de Rabastens et Coufouleux, pour la moitié qui lui appartenoit, l'autre moitié appartenant à Sa Majesté. Copie d'un bail, fait le 22 septembre 1720, par Jeanne de Chastanet, du droit qu'elle avoit en commun avec les inféodataires de Sa Majesté des ports de Rabastens et Coufouleux. Extrait d'un dénombrement fourni au Roi le 19 juillet 1725 par le sieur de Chastanet, portant qu'il jouissoit, conjointement avec son frère, de la moitié du péage du port de Rabastens, l'autre moitié appartenant à Sa Majesté. Etc.

Le Roi, étant en son Conseil, a maintenu et maintient le sieur de Villemur, en qualité d'engagiste du domaine de Sa Majesté, et le sieur Chastanet de Puiségur dans le droit de tenir conjointement un bac au port de Rabastens, pour en percevoir les droits chacun par moitié, par un seul et même receveur, et suivant le tarif ci-après[1] :

Fait au Conseil d'Etat du Roi, Sa Majesté y étant, tenu à Versailles le 1er mars 1749[2].

## TROUBLES DE LA RÉFORME

### *Troubles advenus à Toulouse en 1561-62*

Nous ne reproduisons pas le récit d'Antoine Sadoul, car tous les événements qu'il rapporte sont connus depuis longtemps. D'ailleurs, ce chroniqueur est dans l'erreur, lorsqu'il dit que François Delherm, le chef du parti huguenot de Rabastens, fut pendu à Toulouse le 14 mai 1561. Nous savons par la relation de G. Bosquet que notre concitoyen fut pendu à

---

1. Voy. E. Marty, *Cartul. de Rabastens*, doc. n° 102.
2. Cet arrêt fut publié à Rabastens et signifié aux maire et consuls de la dite ville le 22 mai 1749. Nous possédons un exemplaire de cet arrêt, imprimé à Toulouse.

Toulouse, place Saint-Etienne, postérieurement au 17 mai 1562, date de la délivrance de cette ville.

### Reprise de Rabastens par les catholiques

En 1570, la ville de Rabastens fut assiégée et reprise par La Valette, qui, n'aiant d'hommes que pour garder le château, brûla la ville [1].

Le premier assaut qui fut après donné audit château par les huguenots fut très bien repoussé par 80 hommes qui restoient, et qui n'avoient d'autres armes que des piques.

Au bout de certaines années, les huguenots s'essaièrent de reprendre Rabastens par escalade, mais leurs échèles se trouvèrent courtes [2]. Ce défaut les obligea d'aller à Buzet, qu'ils prirent ; mais ils y trouvèrent des gens si courageux, qu'ils se firent tous tuer avant de rendre la ville.

### Délivrance de Rabastens en 1573

En 1573, les huguenots firent une cruelle incursion contre la ville de Rabastens ; mais elle en fut délivrée, et les habitans firent le vœu de faire tous les ans une procession générale pour sa délivrance, qui arriva le 7 juillet de ladite année. On fait cette procession tous les ans, à pareil jour.

---

1. Ce dernier fait n'étant confirmé par aucune autre source, il y a lieu de ne retenir l'affirmation d'Antoine Sadoul que sous les plus expresses réserves.
2. Voy. Rossignol, *Monographies comm.*, t. IV, p. 136.

## ALIÉNATION DU DOMAINE ROYAL DE RABASTENS

*Source de la Matte et de la Séquelle.*
*Grands désordres dans la ville.*

Il arriva que, par édit de mars 1639, le Roi ordonna la vente de ses domaines, situés dans les ressorts des parlements de Toulouse et de Bordeaux, et qu'après quelques difficultés, le parlement de Toulouse y consentit, par arrêt du 9 septembre de ladite année. Pour l'exécution desdits édit et arrêt, furent députés commissaires par le Roi les sieurs de Bertier, Desplats et de Caminade, présidens à mortier audit parlement, et autres. Le bureau de la commission pour procéder à ladite vente étant ouvert, la ville de Rabastens, contrairement à ses privilèges, fut mise en l'état des villes aliénables.

Dès le 18 septembre 1639, le conseil communal de Rabastens donnoit pouvoir aux consuls d'acheter tous les droits appartenant à Sa Majesté dans le consulat et d'en passer contrat, jusques à la somme de 2,500 livres [1].

En même tems, plusieurs habitans formèrent un sindicat et, le 1ᵉʳ février 1640, firent un acte privé, qui fut converti en acte public le 7 du même mois et retenu par Fabien Portes, notaire de Toulouse, pour empêcher l'aliénation de ladite ville par tous moiens [2].

Le 12 février suivant, une délibération de la communauté de Rabastens créa sindic M. Clément de La Roque Bouilhac, seigneur et baron d'Aimiez, Saint-Géry et autres lieux, pour poursuivre la distraction de ladite ville de la table du domaine aliénable, avec pouvoir de subroger autres personnes à sa

---

1. Voy. E. Marty, *Délib. des conseils polit. de Rabastens.*
2. Nous donnons plus loin le texte de cet acte.

place, plus d'emprunter les sommes nécessaires pour subvenir auxdites affaires, même au rachat si besoin étoit [1].

En conséquence, M. de Saint-Géry présenta requête à la commission chargée de la vente, à laquelle requête furent jointes les patentes des rois portant que Rabastens et son consulat étoient inaliénables du domaine royal, en opposition envers les ordonnances des commissaires et affiches pour l'aliénation, et que ladite ville et son consulat demeurassent irrévocablement au domaine du Roi. Cette requête fut rapportée à ladite commission le 17 février 1640, par M. de Senaux, un des commissaires, mais il fut délibéré qu'elle seroit rendue à la partie, n'y aiant lieu d'être entérinée.

Néanmoins, le sieur Desplats, baron de Gragnague, se fit adjuger la justice haute, moienne et basse, amendes, confiscations, droit d'albergue et autres droits de la ville et consulat de Rabastens, et envoia dans ladite ville François Parade, conseiller en la cour présidiale de Toulouse, avec Tourne, procureur au parlement, pour le mettre en possession de ladite acquisition, ce qui se fit le 12 mars 1640.

Par acte du même jour, retenu par Roques, notaire, et intimé audit Parade, M. de Saint-Géry fit opposition à la mise en possession du sieur de Gragnague et requit être renvoié devant le Roi pour les dires.

Néanmoins, par ordonnance dudit jour, 12 mars 1640, ledit de Parade interdit tant à M⁰ Pierre Pagès, lieutenant, qu'aux autres officiers de Rabastens de s'ingérer en l'exercice de la justice, et y commit Jean Albine, advocat, par provision, jusques à ce qu'il y fût pourveu par le sieur de Gragnague ; enjoignant aux consuls de reconnoître ledit sieur de Gragnague pour leur vrai seigneur et de prêter serment en ses mains dans trois jours ; interdisant aussi toutes assemblées de conseil et aux officiers de la maison de ville de continuer l'exercice de leur charge, jusques à décision du sieur de Gragnague.

Par acte du 16 février 1640, retenu par Antoine Bonnefous, notaire de Giroussens, et intimé tant au sieur Pagès, lieutenant, qu'aux consuls de Rabastens, Pol Rouquès, sindic de

---

1. Voy. E. MARTY, *Délib. des conseils polit. de Rabastens.*

ladite ville, avoit remontré que la délibération du 12 février précédent étoit ruineuse pour la communauté, en ce que les enchères monteroient à des sommes immenses, car il étoit averti que ceux qui prétendoient auxdits droits domaniaux ne manqueroient pas de surdire, jusqu'à ce que la chose leur demeure. Par autre acte du 14 mars 1640, retenu par Lacoste, notaire de Salvagnac, et aussi intimé auxdits consuls et lieutenant, ledit Rouquès déclaroit protester, au cas où les surdites monteroient au-dessus de la première enchère, contre l'imposition de ladite somme sur les contribuables qui n'étoient nommés esdite délibération.

Thomas Tournier, marchand, proche parent du sieur de Gragnague, aiant fait depuis la mise en possession du sieur de Gragnague une surdite de 500 livres, une nouvelle protestation fut faite au nom de M. de Saint-Géry, par Jacques Vaissière, avocat, le 29 mars 1640, retenue par Sicard, notaire de Toulouse, contre ledit Tournier et tous autres qui, par de nouvelles enchères, vouloient rendre le rachat plus difficile au préjudice du Roi.

Le 24 mars 1640, le président de Gragnague commit pour juge, en la ville de Rabastens, Bernard Bonnefoy, avocat de Lavaur, et pour procureur juridictionnel Arnaud Filiolet, docteur, gendre du sieur Dutil, marchand de Toulouse et proche parent du sieur de Gragnague.

Le 31 mars suivant, ledit Bonnefoy donna appointement, à la requête dudit procureur, portant qu'il seroit informé de son autorité contre celui qui avoit enlevé le tapis fleurdelisé du banc des consuls de l'église du Bourg, et qu'il étoit enjoint aux consuls d'assister aux divins offices, sous peine de...... et d'être déclarés hérétiques.

L'ordonnance du 12 mars 1640 du sieur Parade avoit interdit toutes assemblées de conseil dans la ville de Rabastens; mais, sur une requête du sindic de ladite ville, il fut donné arrêt en la chambre de la Tournelle du parlement, le 2 avril 1640, par lequel il fut permis aux habitans de s'assembler devant un magistrat roial, en la forme accoutumée.

Mais le sieur de Gragnague avoit présenté requête en la Grand chambre du parlement, à ce que, sans avoir égard à la requête du sindic de la ville de Rabastens, ni à tout ce qui s'en étoit ensuivi, la cour déclarât n'entendre empêcher que les parties ne se retirent devant les commissaires établis pour la vente du domaine, et, en cas d'opposition, au conseil du Roi. Le 3 avril 1640, la cour rendit un arrêt conforme à la requête du sieur de Gragnague, lequel fut intimé, le lendemain, à Delagarrigue, premier consul de Rabastens.

Par acte du 7 avril 1640, retenu par Roques, notaire de Rabastens, M⁰ Vaissière, avocat, faisant pour M. de Saint-Géry, déclara être opposant envers l'arrêt du 3 avril, obtenu par ledit de Gragnague, et tous autres arrêts, s'il y en avoit de rendus en la Grand chambre, notoirement suspects, parce que ledit de Gragnague étoit second président en cette chambre.

En même temps, le sindic de Rabastens présenta autre requête à la chambre de la Tournelle, à ce que, sans avoir égard à celle du sieur Desplats, ni à ce qui s'en étoit ensuivi, l'arrêt du 2 avril fût exécuté. Le 13 avril 1640, la cour rendit un arrêt conforme à ladite requête et commit le sieur le Carlinquas, conseiller au parlement, pour aller présider une assemblée des habitans de Rabastens. Incontinent, ledit conseiller s'achemina à Rabastens, où il présida les assemblées des 13 et 14 avril [1].

Le 14 avril, les sieurs de Bonnefoy, juge, et Filiolet, procureur, firent signifier au sieur de Carlinquas une ordonnance, rendue le 13 avril par les commissaires chargés de la vente du domaine, portant défenses aux consuls et officiers de Rabastens de donner aucun trouble au président de Gragnague, etc. Par délibération dudit jour, Paul Rouquès, sindic ordinaire de la communauté, fut révoqué et on nomma à sa place le sieur Lenfant. Le 23 avril suivant, ledit Rouquès se porta appelant en la Grand chambre de la procédure du sieur de Carlinquas et obtint un arrêt portant que les parties viendroient en jugement et que, par provision, ledit Rouquès exerceroit la charge de sindic.

Le président de Gragnague déclara par lettres roiaux du 14 avril 1640, adressées au parlement, qu'il n'entendoit empê-

---

1. Voy. E. MARTY, *Délib. des conseils polit. de Rabastens.*

cher que les habitans ne se pussent assembler par devant un magistrat roial et requit être relaxé de la remise des registres de 104 notaires de Rabastens, qu'il avoit achetés.

Les consuls et le sindic de Rabastens impétrèrent lettres roiaux, le 2 mai 1640, à plusieurs fins :

1° Pour, disant droit sur ladite instance des lettres et sans avoir égard à celles impétrées par le sieur Desplats, être reçus opposans envers l'arrêt du 23 avril audit an, comme tiers non ouis ni appelés ;

2° En cassation des appointemens et procédure faite par le sénéchal de Toulouse contre les consuls et sindic de Rabastens, comme le tout aiant été poursuivi au préjudice de l'instance pendante en la cour ;

3° Pour être maintenus tant aux 2 bancs consulaires qui étoient dans l'église de Rabastens, qu'en la maison appelée *la Tour*, dans laquelle sont les prisons et le consistoire ;

4° Pour être maintenus en la faculté de créer tous les officiers qui dépendoient des consuls, ainsi que leurs prédécesseurs avoient fait de toute ancienneté ;

5° A ce que le sieur de Gragnague fut contraint à la remise des registres de 104 notaires de Rabastens.

Ces lettres furent signifiées audit sieur de Gragnague, Bonnefoy, Filiolet, Vialar et Amiel.

Par acte du 3 mai 1640, les sieurs Delagarrigue, premier consul de Rabastens, et Lenfant, sindic de ladite ville, narrèrent devant Fontès, notaire de Toulouse, les instances pendantes en la cour, tant pour l'acceptation de la lettre de change de la somme de 2,596 livres, sous le nom de Guitard, agent du sieur de Gragnague, etc. ; déclarèrent ne vouloir poursuivre l'adjudication faite audit de Gragnague ailleurs qu'au conseil de Sa Majesté, où leur opposition étoit formée ; ni, pendant ladite opposition, ne donner aucun trouble tant audit président de Gragnague qu'aux officiers de justice par lui établis ; mais qu'ils ne pouvoient souffrir que les procès qu'ils avoient contre ledit président, Poussois, Rouquès et autres fussent plus avant poursuivis en la cour, sur les parentés qu'ils indiquoient.

Par acte du 6 mai 1640, M<sup>e</sup> Arnaud Tourne, procureur en la cour et du président de Gragnague, répondit que la requête du 4 mai du sindic de Rabastens étoit injurieuse, en ce que par icelle il disoit n'avoir trouvé aucun sergent qui eût voulu signifier sa cédule évocatoire, et que ce prétexte avoit été inventé pour couvrir les faussetés que son parti avoit fabriquées. En conséquence, ledit procureur nomma Poisson, Bessié, Pascal et Bouzeran, notaires de Toulouse, pour retenir et expédier tous actes, et Roux, Pontier, Frèques et Malira, huissiers en la cour, pour faire les intimations et assignations du sindic de Rabastens, si mieux les consuls n'aiment en convenir d'autres. Et, à faute par eux de faire ladite nomination, ledit procureur protestoit d'impugner tous actes que lesdits consuls et sindic pourroient faire.

Sur la remontrance faite au Roi en son conseil des arrêts donnés ès chambres de la Tournelle et Grand chambre et de la procédure du sieur de Carlincas, le Roi en son conseil, par arrêt du 16 mai 1640, sans avoir égard aux arrêts desdites chambres des 2 et 3 avril 1640, procès-verbal du sieur de Carlincas des 13 et 14 desdits mois et an, et tout ce qui s'en est ensuivi, qu'il cassa et annula, ordonna que les consuls et le sindic des habitans de Rabastens se pourvoiroient au conseil sur le contenu en leur requête, et fit défenses à la chambre de la Tournelle et à tous autres juges et cours de prendre connoissance des choses contenues en l'édit de mars 1639, à peine de répondre à Sa Majesté du retardement desdites affaires, en leur propre et privé nom. — Cet arrêt fut intimé aux consuls et sindic de Rabastens le 4 juin 1640.

Le sindic de ladite ville obtint de nouvelles lettres roiaux, portant que, sans préjudice d'opposition à poursuivre devers le Roi, il fût reçu en opposition envers l'arrêt du 3 avril et tous autres, pour être reçu à débattre les appointemens donnés par le sieur Bonnefoy, afin que les consuls fussent maintenus provisoirement en leur charge, et de faire remètre les registres de 104 notaires, que le sieur de Gragnague avoit achetés sous le nom d'Alric, ez mains de personnes publiques, pour pouvoir prendra les extraits qu'il appartiendroit. — Ces lettres furent intimées aux sieurs Filiolet et Bonnefoy, le 12 juin 1640.

Le 7 juin audit an, ledit Paul Rouquès, qui étoit de *la Séquelle*[1], présenta requête à Mgr le prince [de Conti], lieutenant général pour le Roi en ce païs, à ce qu'il fût procédé de nouveau aux impositions et que les délibérations prises fussent, en conséquence, ôtées du registre, etc. Par ordonnance dudit prince du même jour, il fut ordonné que commandement seroit fait aux consuls de Rabastens et autres détempteurs des délibérations, faites depuis le 1er août 1639 jusques à présent, de les remètre dans 3 jours par devant le sieur Dupré, intendant en la justice, police et finances de Languedoc, pour être ensuite pourveu par lui ainsi qu'il appartiendroit ; faisant auxdits consuls défenses de procéder à la levée d'aucunes impositions, sinon de celles qui avoient été faites en vertu des commissions de Sa Majesté.

Le 20 dudit mois, le sieur Delagarrigue, premier consul, à faute d'obéir à ladite ordonnance, fut constitué prisonnier par Money, sergent roial de Toulouse, et remis, le lendemain, entre les mains du sénéchal. En même tems, on prit Jean Rigaud, greffier des consuls, et on le conduisit aux mêmes prisons du sénéchal, où ils furent détenus jusqu'à l'arrêt du 21 juillet 1640, car, en vertu d'icelui, on fit délivrer aussi tous les prisonniers que le président de Gragnague détenoit, sans avoir mérité la prison.

Ce désolant procès de *la Matte* et de *la Séquelle* prit fin par l'arrêt du conseil du 21 juillet 1640, portant que la ville de Rabastens et son consulat étoient inaliénables du domaine roial[2]. Rabastens éprouva une si grande consolation d'avoir obtenu cet arrêt, qu'il fonda, le 29 avril 1642, deux grands messes, à perpétuité, au chapitre de la ville, en actions de grâces, donnant une rente de 18 l. 15 s.[3]. Ledit arrêt extermina le parti de *la Séquelle* avec M. de Gragnague.

Néanmoins, les désordres recommencèrent peu après dans

---

1. Pendant l'instance engagée par la ville de Rabastens contre le président de Gragnague, deux partis se formèrent dans la ville : l'un, sous le nom de *la Séquelle*, en faveur du président, et l'autre, sous celui de *la Matte*, pour soutenir les privilèges de la ville.
2. Voy. E. MARTY, *Cartul. de Rabastens*, doc. n° 90.
3. On trouvera le texte de cet acte à la fin du présent chapitre.

la ville. Le 19 août 1640, les consuls vieux de Rabastens aiant été continués, Jean Balhié, quatrième consul, se trouva absent lors de la prestation de serment de ses collègues, faite ès mains de M⁶ de Moulnourri, conseiller du Roi en ses conseils d'Etat et privé, maître des requêtes ordinaires de son hôtel, en vertu d'une lettre de cachet, portant la continuation et confirmation desdits consuls. Ledit Balhié fut mandé venir prêter serment; ce qu'il fit dans le logis du sieur Gaubert, où pendoit l'enseigne de la *Croix blanche*.

Pierre Peyre, beau-frère de Sadoul, l'auteur de ces *Mémoires*, étoit troisième consul de Rabastens. Il étoit allé quérir ladite lettre de cachet, et arriva à Rabastens dans l'instant que les consuls créés par M. de Graniague vouloient prêter serment ez mains de M. de Parade, commissaire député par ledit président de Gragnague. Ledit Peyre entra dans l'hôtel de ville et demanda, d'un ton ferme, à s'approcher de la table où on écrivoit et qu'on eût à lui faire place; menaçant ceux qui ne s'ôtoient pas au plus tôt sur son passage. Le sieur de Parade et ceux de son parti, ignorant que ledit Peyre eût pu aller à Paris dans si peu de tems, furent irrités qu'il affectât un ton de supérieur, surtout n'étant que troisième consul. Aussi, ledit de Parade dit : *Voilà un homme bien hardi et bien fier!* — *Oui! Je suis fier,* dit Peyre, *comme un homme qui porte des ordres du Roi;* et en même tems il sortit sa lettre de cachet. Ce coup accabla M. de Gragnague et ceux du parti de *la Séquelle,* qui croioient tout dominer dans Rabastens, comme il est à présumer qu'ils auroient fait.

Quelque tems après, ledit Balhié désavoua tant les inquisitions que poursuites, faites contre messire Jean-François de Rollet, baron de Jalenques; mais, par acte du 23 août, retenu par Portes, notaire de Toulouse, il révoqua ledit désaveu.

Ensuite, le président de Gragnague présenta requête au conseil du Roi, contenant que ses malveillans, dans la ville de Rabastens, ont excité sédition, battu et excédé ses domestiques et autres qu'ils ont cru lui appartenir. Sur laquelle requête, les plaintes de plusieurs particuliers devant le sénéchal, les rapports des chirurgiens, par arrêt du 23 août 1640, M. de Mauchant, maître des requêtes, fut commis pour informer de ladite sédition et faire le procès aux coupables, en dernier ressort, appelés avec lui le nombre de gradués que besoin seroit.

En conséquence, ledit sieur de Mauchant ordonna, le 9 octobre 1641, prise de corps contre Jean et André Dumas, Pierre Resclause, Michel Lombard, Jean Vaissière, Antoine André, deux laquais du baron de Saint-Géry et le valet de chambre dudit baron, nommé Grandbleu, et où ne pourroient être ajournez, criez à trois jours briefs et leurs biens annotés. Jean Dumas fut capturé à Castres le 28 octobre, et le 30 furent faits cinq cahiers d'informations.

Quelques jours après, ledit de Mauchant décerna prise de corps contre M⁰ Pierre Pagès, lieutenant au siège roial de Rabastens, Jean Vaissière, Annet Labrue, Bernard Bertrand, consuls, Pierre Peyre, consul l'année précédente, M⁰ Jean Gayraud, prêtre, Jean Bédoin, dit le Franciman, Bertrand Geofroy, Georges Favarel, François Peyssou, Etienne Vaissière, François Golce, Antoine Poilon, chapelier, et Pierre Repaux, bonnetier.

Monnay, sergent roial de Toulouse, déclara, par son exploit du 13 novembre 1641, qu'étant allé à Rabastens, accompagné de François Viladard, trompète juré, avoir crié les susdits prévenus, mais n'avoir pu procéder à la saisie de leurs biens, à cause d'émotions, séditions, rébellions, troubles, qui se commètent journèlement dans ladite ville, et qu'il sera fait ainsi qu'il sera ordonné par ledit de Mauchant.

Un arrêt du conseil du Roi du 22 novembre 1641, rendu sur requête du sindic de Rabastens, ordonna que, sans s'arrêter à l'arrêt du 23 août 1640 et conformément à l'arrêt du conseil du 21 juillet audit an, toutes les informations faites à l'encontre des supplians, à la requête du sieur de Gragnague, seroient apportées au greffe du conseil, et que les personnes emprisonnées seroient élargies, à leurs cautions juratoires, et à cet effet les geôliers contraints par corps. De plus, Sa Majesté évoquoit à son conseil toutes les instances intentées par le sieur de Gragnague et autres devant tous juges. Ordonnoit, en outre, Sa Majesté, qu'il seroit informé des violences et autres faits contenus en ladite requête du sindic de Rabastens, par le premier des maîtres des requêtes trouvé sur les lieux ou autre premier juge roial sur ce requis, pour, les informations faites et rapportées au conseil, être ordonné ce que de raison.

L'obtention de cet arrêt causa à M. de Gragnague une si grande maladie, qu'on le saigna sept fois. Sa mort, qu'on croioit certaine alors, offroit aux habitans de Rabastens un repos après lequel ils soupiroient; néanmoins, il en revint.

Pour être informé des violences, selon l'arrêt ci-dessus, fut commis M. de Moulnourri, abbé de Gaillac, grand ami de M. Clément de La Roque Bouilhac, baron de Saint-Géry, sindic de Rabastens. Lorsqu'on apprit que ledit abbé venoit à Rabastens pour faire les informations contre le parti de M. de Gragnague, appelé *la Séquelle*, les habitans, au nombre de plus de 100 et des plus qualifiez, allèrent l'accueillir à plus d'une demi lieue de la ville.

Enfin, les parties étant fort fatiguées de tant de procès, on leur proposa de prendre des voies pour étouffer ces chicanes et de faire de part et d'autre chacune ses demandes.

Les sindic et consuls de Rabastens demandèrent :

1° Que, suivant l'arrêt du 21 juillet 1640, le sieur de Gragnague prît la somme de 3,150 livres, prix de l'adjudication, sur celle de 4,800 livres, consignée ez mains de Giscard ;

2° Qu'il payât 265 l. 8 s. 8 d., pour arrairages des tailles des années 1628-1633 et 1636 ;

3° Qu'il remboursât 270 l., pour réparations faites à la descente du Port-haut, dont il prenoit les émolumens ;

4° Qu'il payât les tailles de 1640, montant à 1,400 livres ou plus ;

5° Qu'il remît les registres des notaires de la ville ;

6° Qu'il fît le dénombrement des rentes nouvellement achetées, pour être cottisées.

Le président de Gragnague demanda :

1° Que la ville de Rabastens lui demanderoit pardon des injures et offenses qu'il avoit reçues ;

2° Que le consulat pour l'année prochaine lui seroit donné ;

3° Qu'il seroit remboursé du prix de son adjudication, plus de 1.500 l. de loyaux coûts et de 2,000 l. pour frais d'archers ;

4° Que Me Pagès, lieutenant, et Delagarrigue, consul, avoueroient ce qui s'étoit passé entre eux trois ;

5° Qu'il seroit tenu quitte des arrairages des tailles et des frais de réparation de la descente du Port-haut ;

6° Qu'il ne rendroit point les protocoles des notaires.

Ce projet d'accord ne sortit pas à effet, car il rompit d'un côté et d'autre. Les habitans de Rabastens confièrent leurs intérêts à M. de Saint-Géry, leur sindic, qui étoit à Paris, et M. de Gragnague confia les siens à l'abbé de Caminade, qui étoit aussi à Paris, et les parties promirent de tenir pour fait ce que ces deux messieurs feroient et de l'observer inviolablement.

*Sindicat des habitans de Rabastens* (1ᵉʳ février 1640).

Nous, soussignez, les uns bientenans et les autres habitans et résidens dans la ville de Rabastens d'Albigeois et consulat d'icelle, déclarons que, sous le bon plaisir du Roi et de sa Cour de parlement de Toulouse, nous voulons et désirons maintenir ladite ville et territoire d'icelle sous la justice immédiate du Roi, suivant les grâces, privilèges et immunités qu'il a pleu à nos rois de France et à notre roi Louis le Juste, à présent heureusement régnant, octroier à ladite ville, territoire et consulat d'icelle. A cet effet, nous promètons, sous nos fois et serment, que, pour éviter ladite aliénation et demeurer en la justice immédiate du Roi, nous présenterons requête à la Cour de parlement pour obtenir la permission de faire convoquer le conseil dans ladite ville de Rabastens, des plus qualifiez habitans de ladite ville et autres bientenans dans icelle et consulat, afin de créer un procureur ou sindic pour requérir la rejection d'icelle ville de Rabastens et consulat des affiches, déclaration ; et, au cas l'adjudication seroit faite à autre que lesdits habitans et bientenans, pour délaisser ladite ville et consulat d'icelle au profit immédiat du Roi, de contribuer à toutes les sommes qui seront pour ce nécessaires, à l'effet du rambourcement de l'acquéreur et remètre la chose à son premier état, en la forme qu'il est pour cejourd'hui. Et au cas il conviendroit emprunter à ces fins quelque somme de deniers, le présent acte sera rédigé en forme authentique, avec les clauses solidaires que besoin sera ; sauf après, suivant l'édit du Roi du mois de mars 1639, registré au parlement de Toulouse le 9 septembre audit an, obtenir lettres du grand sceau, en permission d'imposer et lever sur nous et autres habitans et bientenans, au sol la livre, les sommes que besoin sera à l'effet dudit rachat, pour d'icelles après païer et rambourcer ceux qui auront prêté et avancé les deniers, sans les pouvoir divertir à autre usage, sur peine de tous dépens, domages et intérêts. — A Toulouse, le premier jour du mois de février 1640. — De Senaux, Tolozani, Boissière, Delagarrigue, Vinel, Chalvet, de Cornac.

*Fondation de deux grand'messes, en mémoire de la délivrance d'un seigneur de Rabastens autre que le Roy* (29 avril 1642).

L'an 1642 et le 29e jour du mois d'avril, dans la maison commune de Rabastens, constituez en leurs personnes Jean Vaissière, Jean Sabatier, Annet Labrue et Bernard Bertrand, consuls, assistés d'André-Gabriel Dumas, sindic de ladite ville ; lesquels, suivant le pouvoir à eux donné par délibération du conseil de ladite ville, tenu le premier décembre passé, ont promis et promètent au Chapitre de l'église Notre-Dame du Bourg, Me François Pigasse, chanoine et sindic du Chapitre, présent et acceptant, savoir : de donner et paier annuèlement et à perpétuité, audit Chapitre, la somme de 18 l. 15 s. de rente, à la charge, par ledit Chapitre, de célébrer chaque année, à perpétuité, le 21e de juillet, deux messes hautes et solennelles ; l'une pour Sa Majesté très chrétienne, à présent heureusement règnant, et l'autre pour Mgr l'éminentissime cardinal duc de Richelieu ; et ce pour mémoire et actions de grâces de l'arrêt donné au conseil de Sa Majesté le 21e de juillet 1640, portant réunion de ladite ville et consulat de Rabastens au domaine de Sa Majesté et confirmation des privilèges octroiez d'ancienceté à ladite ville et consulat, et particulièrement de ne point être jamais aliénés pour quelque chose que ce soit. Laquelle rente de 18 l. 15 s. lesdits sieurs consuls et leurs successeurs seront tenus paier chaque année, le 21e juillet, pour être distribuée par ledit sindic du Chapitre aux chanoines qui assisteront à la célébration desdites messes, sans que les absens y puissent prendre aucune part. Pacte est accordé que lesdits consuls et communauté se pourront décharger du paiement de ladite rente, en paiant la somme de 300 livres.

Présens : Me Jacques Vaissière, docteur et avocat, Henri Lenfant, bourgeois, et Guillaume Charrat, marchand, habitans dudit Rabastens. — VINEL, notaire.

Cette fondation fut acceptée par Guill. Fraissine, sindic du chapitre, par acte du 14 juillet 1642, retenu par Vinel, not., suivant pouvoir à lui donné par délibération dudit chapitre, en date du 29 avril audit an.

## QUERELLE ENTRE LA MATTE ET LA SÉQUELLE

*Nouveaux désordres dans Rabastens.*

Durant la peste qui ravagea Rabastens en 1653, tous ceux qui avoient des maisons de campagne s'y allèrent loger. Ceux qui n'étoient pas trop écartés de la ville se persuadèrent qu'en l'absence d'un grand nombre d'habitans ils pouvoient s'approprier une entière domination dans la ville et régler tout à leur discrétion. Cela fut la source des désordres qui éclatèrent l'année suivante.

Il se forma d'abord deux partis. Le premier s'appeloit *la Matte* et étoit composé de la plus grande partie des meilleurs habitans. Les chefs étoient noble Jean-François de Rollet, baron de Jalenques, et messire Louis de La Roque Bouilhac, baron de Saint-Géry, son beau-fils. De ce parti étoient Gaubert, Marnéjouls et M⁰ Pierre Pagès, lieutenant au siège roial de Rabastens. L'autre parti, appelé *la Séquelle*, avoit pour chef Bernard Rolland, bourgeois, suivi de plus de 30 habitans, dont la plupart étoient des gens sans aveu, vile populace, mais appuiés par M. de Caminade, beau-fils de feu le président de Gragnague.

En 1654, le parti de *la Matte* demanda la reddition des comptes et leur revue de plusieurs consuls du parti de Bernard Rolland, auxquels on soutenoit d'avoir grandement dérobé à la communauté, et un nouveau règlement contre le juge d'Albigeois, concernant la création des consuls. Cette demande fut le signal des grands désordres qui éclatèrent alors dans la ville.

Toute l'année 1655 se passa en horribles procès, soit au parlement de Toulouse ou à celui de Paris, soit à la Cour des aides de Montpellier et en d'autres lieux, sans compter les violences des partis. Il y eut de grands coups contre ledit Rolland et ses adhérans, et tels coups, que la pudeur empêche d'écrire ici au grand jour. Un dimanche, que les consuls du parti de *la Séquelle* et M⁰ Dreuilhet, juge d'Albigeois, étoient en leurs bancs dans l'église du Bourg, à la messe de paroisse, ils furent chassés ignominieusement de l'église, à leur grande confusion. On leur fit des reproches qui les couvroient de honte, et peut-être trop bien fondez [1].

Enfin, un arrêt du Conseil d'Etat du 29 octobre 1655 [2] réglementa les élections consulaires et la tenue des conseils politiques dans la ville de Rabastens, et confirma la préséance du lieutenant du juge sur les consuls. En conséquence de cet arrêt, M⁰ Pagès, lieutenant au siège de Rabastens, fit placer deux bancs à son usage, aux deux lieux plus éminens de l'église du Bourg.

Que Dieu veuille nous préserver du retour de tels désordres ; car, dans ces occasions, à peine se fioit-on à un honnête homme ; ce n'étoient que trahisons, faux témoignages, meurtres, procès qui ruinoient les familles, profanations horribles des lieux saints ; enfin, Rabastens étoit alors une Babylone.

### Harangue aux habitans de Rabastens sur leur accord et réconciliation [3].

Enfin, Messieurs, nous voicy dans le port, pour jouyr de la douceur que nous promet le calme, après une horrible tempeste qui nous a tenue si longtemps entre la crainte de nostre perte et l'espérance de nostre salut.

Il n'y a quelques jours, que cette ville estait le véritable tableau d'une navire agitée par l'impétuosité de l'orage, qui se voit forcée,

---

1. C'est par erreur que M. Rossignol a dit, dans ses *Monographies communales*, t. IV, p. 160, que ces désordres eurent lieu en 1655, *pendant la peste*. L'épidémie de 1653 ne sévit à Rabastens que du 29 juillet au 27 décembre, et il n'est dit nulle part que le fléau ait reparu en 1655. Voy. le chapitre *Epidémies de peste*, et E. MARTY, *Arch. des notaires de Rabastens*, chronique de 1653.

2. Voy. E. MARTY, *Cartulaires de Rabastens*, doc. n° 91.

3. *Bibliothèque Nationale*, L k ⁷ 8.110. Pièce imprimée, in-4°, sans indication de lieu, de date, ni de nom d'auteur. — Quoique ce document ne se trouve pas dans le *Manuscrit Gaubert*, nous avons cru devoir le reproduire ici, où il avait sa place marquée. Nous prouverons plus loin qu'il est postérieur de quelques jours seulement à l'arrêt du 29 octobre 1655 et que l'auteur est M⁰ David Dufaug, avocat, premier consul de Rabastens en 1654.

malgré l'art et la science du pilote, de flotter au gré des vents et de perdre l'agréable veue du port, lors même qu'il n'y a point d'apparence qu'elle en puisse estre séparée. Ainsi, malgré l'intelligence et le zèle ardent des plus prudents de cette communauté, il a fallu qu'elle ait cédé au torrent impétueux des passions de chaque particulier et qu'elle ayt gémy sous le funeste empire de la division, qui l'arrachait du siège de son repos. De quelles peurs n'a-t-elle pas été tourmentée, tandis que l'animosité a resté dans sa vigueur? Mais lorsque par sa durée elle est devenue moins forte, de quels mouvements n'a-t-elle pas souffert les attaintes? Tantost l'espérance de la paix, qu'elle croyait indubitable, luy rendoit l'estat de son désordre moins insupportable; mais elle n'estait pas plustot flatée de cette pensée, qu'une nouvelle dissension, jalouse de soy, de son bonheur, par un artifice malicieux, taschait d'en divertir l'accomplissement, faschée, sans doute, de voir qu'on en voulait à son trosne, dans lequel elle régnait sur nous si superbement. Tantost, voyant sa ruine quasi infaillible, elle poussoit des regrets et des soupirs, par la bouche de ceux dont l'innocente fidélité n'a jamais receu ce reproche d'avoir conspiré sa perte. Enfin, dans ses extrémitez, la plus violente des peines de cette communauté estait de se voir déchirée par ses propres membres et destruite par ceux à qui elle est contrainte de pardonner comme à ses enfants, bien que ses ennemis, et d'applaudir en quelque façon à leur crime, par l'oubly des injures et des outrages, dont sa patience a souffert les secousses. Voilà, Messieurs, le misérable estat où nos emportemens l'avoient réduite. J'en ay voulu parler, bien que nous en soyons tous très sçavants, pour nous exciter à la compassion que nous devons à ses misères et au repentir de les avoir causées, et pour concevoir plus d'horreur de l'impiété que nous avons commise contre nostre Patrie et de la cruauté que nous avons exercée contre nous-mesmes, en consumant nostre propre substance pour assouvir nostre hayne et contenter nos esprits ambitieux, lesquels sont, sans difficultez, préoccupez maintenant de l'agréable idée d'une générale tranquillité, d'une amitié réciproque et d'une union inséparable, à laquelle nous vous exhortons, de la part de ces divins interprètes des volontés de Sa Majesté, auxquels vous devez une respectueuse obéyssance, tant parce que les loix nous y obligent que parce que la conservation générale de cette ville et de nos particuliers intérest exigent cette justice de nous mesme. Il ne faut pas que les ressentimens l'emportent sur la générosité qui doit paroistre en cette rencontre avec tout son lustre et avec autant d'éclat qu'elle parut jadis parmi les soldats romains, après une sanglante bataille de l'armée d'Othon contre celle de Vitellius, lesquels, bien qu'ils eussent combatus avec autant de rage que la cruauté de la guerre pust inspirer, reconnaissans leur aveuglement, commencèrent de détester la fureur des armes civiles et à se réjouyr, parmy leur misère, de s'en voir délivrez par une réconciliation. On les voyait, sur les mêmes tantes, se pensans les uns les autres et se rendans mille devoirs officieux, se faire mille démonstrations de bienveillance de part et d'autre. Ce sont ceux là que nous devons imiter, faisant succéder à nos vieilles haines autant d'ardeur à nous servir mutuellement, que nous avons eu d'artifice à nous nuire. Montrons-nous plus capables d'amour que de colère, plus prompts à pardonner qu'à nous venger, et ne nous contentons seulement de modérer le ressentiment des injures, mais supprimons en jusques aux premiers mouvemens, afin qu'il ne nous reste rien dans l'âme de caché, et que nous soyons aussi religieux observateurs de la fidélité que nous nous prométons en cette illustre assemblée, que nous en avons esté violents infracteurs. Oui ! c'est sur la franchise que nostre accord doit estre establi et l'amitiée renouée, si nécessaire pour le repos public et particulier, qu'Ennius a esté contraint de dire que sans elle la vie est une mort, et que c'estait oster le soleil du monde que d'en bannir l'amitié, puisque c'est une impossibilité morale de s'en passer. Et Aristote ajoute que les bons législateurs ont eu plus de soin d'elle que de la justice, parce que l'amitié seule suffirait à la conservation de tout ce vaste univers, si les hommes, dont la faiblesse excuse l'insconstance, estaient douez d'une fermeté inébranlable pour l'entretenir partout. Mais, comme ils sont subjets à l'instabilité, on a esté forcé d'introduire les loix, pour nous contraindre par leur authorité aux choses où l'amitié estait capable de nos porter volontairement. Faites donc cette ferme résolution, Messieurs, d'establir souveraine de toutes nos actions l'amitié, afin que vous ne soyez plus obligez d'avoir recours à la justice, qui tyrannise vos volontez, au lieu que l'amitié, par une douce violence, nous porte avec plaisir à la raison et nous fait trouver nostre récompense dans la satisfaction qui nous reste de leur plaire. Parlez-nous à cœur ouvert et ne faites point de cette amiable liaison des âmes une belle chimère et agréable illusion d'esprit.

Non ! Non ! Il faut qu'elle soit véritable et qu'elle dure autant que nous, si vous voulez mériter ce glorieux titre de vrais amis et bons citoyens; car autrement, vous ne sçauriez vous le conserver, puisque Euripide dit : *Neque enim amator est, qui non amat semper. Celui-là ne mérite pas le nom d'amy, qui cesse d'aimer un seul moment.* Ce n'est pas que je doute que vous n'ayez fortement délibéré de nous entraîner ; vos yeux me le témoignent et me disent que vos cœurs bruslent d'impatience que ce discours soit finy, pour nous faire des caresses de frère dans nos embrassements et des serments authentiques de ne rompre jamais l'union que vous liez aujourd'huy. Qu'on n'entende donc partout que des cris d'allégresse, après avoir solennellement remercié la divine Majesté des grâces que sa main libérale verse sur nos testes criminelles, et donné des témoignages publics de nostre sainte gratitude. C'est par là, Messieurs, que nous devons commencer d'establir la paix que nous faisons succéder à la discorde qui, par sa longue et tyrannique possession de nos âmes, nous doit avoir appris de conserver nostre bile comme ces animaux qui se nourrissent d'absynthe n'ont point de fiel, à cause de l'amertume de cet aliment. Ainsi, par les traverses que nous avons souffertes depuis qu'elles nous regardent comme ses sujets, il faut que soions devenus plus raisonnables et que nous ayons perdu cette fierté odieuse, qui nous rendoit si contraires les uns aux autres.

Il n'est personne entre nous qui se puisse excuser d'avoir conneu nos maux, nos afflictions et le préjudice que la communauté en a souffert; mais il faut que le souvenir de nos misères soit estouffé par la joye publique, et que nostre resjouyssance n'en soit point troublée, puisque, si la division nous a causé de sanglans desplaisirs, les doux fruits que nous allons recueillir de l'union nous vont rendre l'une d'autant plus favorable que l'autre nous a esté contraire. Travaillez à le conserver, vous, Messieurs, que tout ce peuple regarde avec respect comme les divins oracles de la justice qu'elle a placez dans son tribunal, pour y expliquer tous les jours ses volontez. Et vous, à qui Sa Majesté a donné le soin de cette ville et sur qui elle se repose pour la direction de toutes les affaires politiques de ce corps, ne souffrez pas que le vice, sous l'apparence de la vertu, se glisse artificieusement parmy nos concitoyens; ne reconnaissez point pour tels ceux qui, par leurs brigues et monopoles, s'efforceront de traverser nostre repos, et ne vous lassez point, enfin, de crier en tous rencontre qu'il faut détruire leurs pratiques, pour garantir nostre communauté d'une seconde désolation. Par ce moyen, vous jouyrez glorieusement de vos charges et avec autant de tranquilité que mes collègues et moy en avons jouy avec trouble, avec peine et avec un tel désordre, que, malgré l'honneur qu'il y a de porter ce pesant fardeau, nous avons souvent souhaité de nous en voir délivrez, et particulièrement moy, qui me serais certainement desrobé à cette gloire, si je n'avois appris qu'il est de la générosité de ne succomber jamais aux plus rigoureux travaux, lorsqu'il s'agit de s'employer pour sa patrie, à laquelle je ne sçay de quelle façon m'excuser d'avoir si mal remply la place et soustenu le rang dont elle m'avait favorisé, n'y de quelle reconnaissance me servir, pour luy en tesmoigner mon ressentiment. J'ose pourtant advancer que, si l'intention, qui imprime le caractère de bonté sur toutes nos actions, peut nous acquitter dans nostre impuissance des bienfaits receus, je suis quitte envers elle en quelque façon, ayant eu les désirs les plus passionnez pour son service, dont une âme reconnaissante soit capable. Quitte donc, Messieurs, envers elle, je le veux estre envers un chacun, et pour cela, je faits une satisfaction publique, en demandant pardon à chaque particulier, que mon malheur m'auroit peu faire offenser. J'espère que vostre bonté me fera grâce; que vous aurez autant de charité que j'ay de repentir; et tout autant du moins de bonne volonté pour moy, que j'ay de passion de m'en rendre digne, par le dessein que je faits de ne m'escarter jamais de ce que je dois au général et au particulier[1].

## NOUVELLE QUERELLE ENTRE LA MATTE ET LA SÉQUELLE

### *Troisièmes désordres dans Rabastens. Meurtre de Bernard Rolland.*

La paix entre les habitans de Rabastens ne subsista que deux ans, et encore avec grande difficulté. En 1658, Géraud de Costecaude, bourgeois, Etienne Vaissière, bourgeois, Antoine Sadoul, notaire, auteur des présents *Mémoires*, et Jean Capelle furent créés consuls. Les partisans de *la Séquelle*, voiant qu'ils n'avoient aucun consul de leur parti, eurent recours aux puissances ennemies de la ville, c'est à dire au président de Donneville, sieur de Miramont, gendre de M. de Caminade, et ce dernier gendre de M. de Gragnague. Le sieur de Miramont fit si bien, au moien des faux témoins que son parti lui fournissoit à foison, qu'on lui permit, pour le bien de la paix et par accomodement, de mettre consul, à la place dudit Vaissière, le sieur Jacques Resclause, dit *Cachoniou*, et à la place dudit Sadoul, Barthélemy Vergnes, son agent, à la condition que l'année suivante lesdits Vaissière et Sadoul seroient remis dans leur charge de consuls. Par suite de cet accord, le reste de l'année se passa dans la tranquillité.

---

1. Il résulte de ce document que l'auteur *était consul durant les troubles et qu'il possédait une instruction supérieure au commun*. L'allusion qu'il fait aux consuls alors en charge et les citations qu'il emprunte aux écrivains de l'antiquité en font foi. D'autre part, le seul accord fait à cette époque entre les habitants est du 19 août 1655, et les consuls pour l'année 1655-56 ne furent nommés que par l'arrêt du Conseil du 29 octobre 1655. Par conséquent, cette harangue est postérieure à cet arrêt, et nous ne voyons pas de personnalité qui réunisse mieux les conditions requises pour être l'auteur de ce discours que *David Dufaug, avocat et premier consul de Rabastens en 1654-55*.

L'année 1659 étant arrivée, on créa consuls Jean Branque, docteur, on rétablit ledit Vaissière, et ledit Sadoul ne voulant pas accepter le chaperon par un point d'honneur, on mit à sa place Guillaume de Peyre, marchand, et pour dernier consul, Guillaume Poussounenc, hôte. Ledit Vaissière, fâché de n'avoir pas pour collègue ledit Sadoul, ne pouvoit souffrir ledit Peyre, s'opposant en toutes occasions aux desseins de ce dernier, et notamment lorsqu'il acheta de la poudre à canon pour un feu de joie qu'on devoit faire, à l'occasion du mariage de Louis XIV avec l'Infante d'Espagne. M. Jean-François de Rollet, baron de Jalenques, aiant appris le motif de leur discussion, prit parti pour ledit Peyre et lança des paroles dures audit Vaissière. Alors, celui-ci abandonna le parti de *la Malte* et s'enrôla dans celui de *la Séquelle*.

Le 15 août 1660[1], M. Dufaug, lieutenant au siège roial de Rabastens, voulant mettre le feu le premier audit feu de joie, ledit Vaissière, qui avoit cabalé plusieurs habitans, s'y opposa, en qualité de consul. Pendant cette dispute, le sieur de Jalenques avec plusieurs du parti de *la Malte* s'opposèrent aux prétentions dudit Vaissière et de Branque, son collègue, qui étoient assistés de Jean Rolland, fils de Bernard Rolland, chef de *la Séquelle*, et de beaucoup d'autres de ce parti. Après plusieurs disputes, le feu s'alluma dans la confusion, et les uns et les autres se retirèrent pour aller souper, en se faisant de grandes menaces.

Après souper, le sieur de Jalenques sortit, accompagné des sieurs de Gineste, Jean de Cousin, David du Vernet d'Aurivilier, Clément et Jean-François de Costecaude, Pierre Dumas, docteur, Jean-François Charrat, Roquefort, Mouilhet, Giscard, valet de chambre dudit sieur de Jalenques, Jean Clausade, Jean et Pierre de Figeac, frères, tous du parti de *la Malte* et armés de leurs épées. De son côté, Jean Rolland sortit avec plusieurs de ses amis de *la Séquelle,* armés aussi de leurs épées. Les deux partis se cherchoient, bien disposés à se battre à la première rencontre. Ils se trouvèrent en pré-

1. Le *Manuscrit Gaubert* ne donne pas la date de cet événement, mais nous l'avons restituée avec certitude.

sence dans le faubourg du Pont del Pa, entre le couvent des Cordeliers et la chapelle Saint-Roch. De part et d'autre, on commença par se morguer, à se dire des paroles de mépris ; de telle sorte qu'on en vint aux mains, et dans l'instant, on vit en l'air des épées nues. Après plusieurs estocades, les partisans de *la Matte* eurent le dessus, et il ne tenoit qu'à eux de tuer tous leurs adversaires, peu habiles à manier les armes ; mais ils se contentèrent de leur ôter leurs épées, et il n'y eut du parti de *la Séquelle* que ceux qui se montrèrent trop opiniâtres qui furent blessés légèrement. Ledit Jean Rolland prit la fuite dans le couvent des Cordeliers, où il coucha.

Pendant ce désordre, une imprudente femme s'en alla heurter à la maison de Bernard Rolland [1], chef du parti de *la Séquelle*, et lui dit, toute transportée, que M. de Jalenques et autres du parti de *la Matte* venoient de se battre avec ceux de *la Séquelle*, et qu'on avoit tué Jean Rolland, son fils.

Bernard Rolland, tout en fureur, sortit avec Géraud Resclause, son neveu, armés de pistolets, et s'envolèrent à la porte du Pont del Pa. Devant la fontaine, aiant rencontré le sieur de Jalenques et ses partisans, qui rentroient dans la ville, ils leur lâchèrent un coup de pistolet chacun ; mais, dans l'action, la rage, le désespoir, ils ne mesurèrent pas bien leurs coups, car ils ne blessèrent personne. Cependant, le sieur de Jalenques et ses adhérans leur coururent dessus à grands coups d'épées. On attrapa le sieur Bernard Rolland sous la *couverte obscure*, qui est sous la maison de M. Arnaud Delherm, chanoine [2], et là ledit Bernard Rolland fut tué de divers coups d'épée [3].

Raymonde Barthez, femme de M. Sabatier, bourgeois, ha-

---

1. L'hôtel actuel de M. de Combettes du Luc.
2. La maison d'Arnaud Delherm était située à l'angle de la rue *du Pont del Pa*, aujourd'hui *de Sibérie*, côté ouest, et avançait jusqu'au fossé. Par suite, la rue, le quai actuel, passait sous cette maison : c'était la *couverto obscuro*.
3. Le 15 aoust 1660, est trépassé, sous la couverte obscure, en la communion de nostre mère sainte Esglise, sans avoir confessé ny communié, n'ayant pas eu le temps à cause de grands coups d'espée et de pistoletz qu'il avoit à travers son corps, estant mort sur la place, Bernard Rolland, bourgeois de la ville de Rabastenx, et a esté ensepveli dans l'esglise des R. P. Cordeliers de ladicte ville le 16 aoust. (*Arch. de Rabastens*, GG. 2.)

bitant proche le Pont de Murel, étant enceinte de plus de 8 mois, se trouva sous ladite couverte obscure, lorsqu'on y tua Bernard Rolland, qui étoit son cousin. Cette mort la frappa de telle sorte, qu'elle n'accoucha que 9 mois après d'une fille, appelée Catherine. En reconnaissance de son heureuse délivrance, elle fit faire à M. Camp, peintre de Rabastens, un tableau représentant la sainte Famille et saint Raymond, son patron, qu'elle donna à l'église de Bracou.

La mort tragique de Bernard Rolland fut la source des grands désordres qui arrivèrent ensuite à Rabastens. Le soir même du meurtre de son père, Jean Rolland, par l'avis d'André Amiel, procureur au siège de Rabastens et l'un des chefs de *la Séquelle*, envoièrent un exprès au président de Miramont, à Toulouse, qui fit envoyer un conseiller du parlement, en qualité de commissaire, pour faire le procès aux meurtriers. Ledit commissaire n'eut pas grand peine à remplir sa mission, parce qu'on lui exhiba des témoins qui parlèrent comme on vouloit, sans pourtant avoir rien veu. Sur cette procédure, trop concluante par le secours de faux témoins, hardis et bien paiés, il y eut arrêt rendu par contumace contre les sieurs de Jalenques, David du Vernet d'Aurivilier, Clément et Jean-François de Costecaude, Pierre Dumas, docteur, Jean-François Charrat, Pierre et Jean de Figeac, Roquefort et Gisclard, valet de chambre du sieur de Jalenques. Par cet arrêt, tous furent condamnés à avoir la tête tranchée, excepté ledit Charrat, qui furent condamnés à estre pendus (sic). Cette condamnation fut exécutée en effigie, au moien d'un tableau qui fut mis au milieu de la place du Bourg et gardé tout le jour par des archers ; mais, la nuit suivante, il fut enlevé par des amis du sieur de Jalenques, qui furent mis en prison, et s'ils ne s'en étoient pas évadés, on les eût du moins flétris d'honneur.

Pour s'indemniser des sommes que ce procès lui avoit coûtées, Jean Rolland fit saisir tous les biens des condamnés ; mais ceux-ci évitèrent la saisie par le moien d'immenses sommes qu'ils montrèrent avoir empruntées à des amis complaisans, par contrats antérieurs au meurtre.

Le baron de Jalenques, croiant obtenir l'abolition dudit crime, envoia le chevalier de Tauriac à Paris, pour intercéder auprès du Roi; mais ce fut en vain, car, après 18 mois, M. de Tauriac s'en retourna, sans pouvoir rien obtenir.

Pendant ce temps, lesdits d'Aurivelier, de Costecaude, de Cousin et Dumas prouvèrent leur innocence au parlement de Toulouse, qui par divers arrêts les déchargea dudit meurtre.

Ces arrêts rendirent fort mécontens lesdits Rolland et Amiel, procureur. Ils trouvèrent moien d'apporter cette affaire aux Etats de Languedoc, par l'entremise du sieur de Miramont et d'un secrétaire du prince de Conty, lieutenant général pour le Roi en Languedoc. Les Etats députèrent les évêques d'Alby et de Montauban, pour s'informer de la véracité du fait. A ces fins, ces deux évêques vinrent à Rabastens avec le sindic de la province et autres grands seigneurs.

Pendant ces poursuites, les parties ne cessoient pas de rechercher les occasions de se venger les uns des autres, soit en paroles, soit en procès intentés mal à propos, pour ruiner les familles. On en vint jusques à porter les armes, pour enflammer davantage les querelles, malgré les avertissemens salutaires et pacifiques, que de dignes prédicateurs faisoient sans cesse de part et d'autre, par leurs sermons publics et particuliers [1].

Cette haine irréconciliable poussa ledit Rolland, accompagné de Jacques Resclause, dit *Cachoniou*, et Géraud Resclause, gendre de M. André Amiel, procureur, ses cousins, de Mathieu Pagez, dit *La Cazalé*, et d'un artisan dont on n'a pas le nom, à aller attaquer, en 1661, armés de leurs épées et de leurs pistolets, messire Louis de La Roque Bouilhac, baron de Saint-Géry. Un jour de ladite année, vers l'heure de 2 après midi, que ledit baron causoit avec cinq prêtres devant la porte principale de l'église du Bourg, les assassins s'étoient postés sous la couverte d'une maison, proche de cette église [2].

---

1. Voy. E. MARTY, *Délibérations des conseils politiques de Rabastens*, p. 73 et suivantes.

2. Cette maison était située à l'angle de la rue du *Pont del Pa*, aujourd'hui *de Sibérie*, côté Est, et de la place du *Bourg Méja*. Le couvert qui en dépendait formait avant-corps sur la place, soutenu, de ce côté, par deux piliers. Il fut démoli en 1863, mais il est indiqué sur le dernier plan de la ville.

Ce noble et généreux gentilhomme, les voyant tous le pistolet à la main, prêts à tirer, leur dit d'un ton hardi et courageux, s'adressant audit Rolland : *Tire, coquin!* Et les assassins lui déchargèrent cinq coups de pistolets ; mais, troublés par l'insulte fière du gentilhomme, leurs coups ne blessèrent personne. Jamais homme ne montra tant de fierté et de présence d'esprit que M. de Saint-Géry, dans cette occasion si périlleuse. Après avoir essuié cette décharge, ledit baron tira son épée, poursuivit les assassins et les mit tous en déroute. Il blessa si fort le sieur Géraud Resclause, que ce dernier fut malade pendant un an, au bout duquel il mourut, en 1662, sans être regretté de personne, pas même de Jeanne Amiel, sa femme [1].

Ledit Rolland, voyant que son projet pernicieux avoit mal réussi, eut recours à la justice. Il obtint un décret de prise de corps contre le baron Saint-Géry et lesdits prêtres ; mais, contraint par son confesseur et sa conscience, ledit Resclause déclara, par acte retenu par Sadoul, notaire, que les cinq prêtres étoient innocens [2]. Cette pièce déconcerta ledit Rolland et le parti de *la Séquelle*.

Pendant les années 1661, 1662 et 1663, les partisans de *la Séquelle* furent si absolus, sous leur puissant protecteur M. de Miramont, qu'ils firent dans Rabastens tout ce qui leur plut. Comme la préséance du lieutenant du juge sur les consuls, confirmée par l'arrêt de 1655, enlevoit à ces derniers un grand privilège, on poursuivit l'anéantissement de ce règlement et on le demanda au roi avec tant d'insistance, qu'enfin Sa Majesté l'accorda par arrêt du Conseil du 17 juillet 1661. Cet arrêt fut rendu à la requête d'un nommé Cassagnol, à la suscitation de plusieurs habitans, avec l'appuy du président

---

1. Géraud Resclause fit son testament le 28 novembre 1661 (E. MARTY, *Arch. des notaires de Rabastens*) et mourut le 29 août 1662, âgé de 36 ans, *après neuf mois de maladie*, et fut enseveli aux Cordeliers (*Arch. de Rabastens*, GG. 2). Par conséquent, il est certain que l'agression contre le baron de Saint-Géry eut lieu le 28 novembre 1661, date à laquelle G. Resclause, se voyant blessé mortellement, fit son testament.

2. Nous n'avons pas trouvé trace de cette déclaration dans les registres de 1661-62 d'Antoine Sadoul, et le testament de G. Resclause est muet sur ce point.

de Miramont[1]. De sorte qu'en revenant à l'arrêt du 31 août 1529, les consuls qui furent créés le 7 janvier 1663, par un conseiller de Cahors, nommé commissaire à cet effet par Mgr le prince de Conty, gouverneur du païs d'Albigeois, furent créés en violation dudit arrêt.

Enfin, en 1664, le parti de *la Matte* prévalut, et celui de *la Séquelle* fut entièrement anéanti. Un arrêt du Conseil qu'obtint le parti de *la Matte* acheva de lui donner la victoire complète, à la plus grande confusion du sieur de Miramont. Remontée sur ses grands chevaux, *la Matte,* en signe de victoire, pour marquer son triomphe avec plus d'éclat et en laisser à la postérité un souvenir éternel, fit changer la fourrure des robes des consuls, et, au lieu de velours noir, on commença d'y mettre du satin blanc et de les faire faire conformes à celles des capitouls de Toulouse.

En 1665, Me Jacques Rolland, docteur, Guillaume Peyre, Jean Dalbeux et Jacques Dagues furent créés consuls et jouirent paisiblement de leur charge. Le parti de *la Séquelle* fut abandonné de tout le monde et le repos fut de retour dans Rabastens. Les meurtriers de Bernard Rolland ne furent plus recherchés, et M. de Jalenques, Giscard, Figeac, Mouillet et Clément de Costecaude, qui étaient fugitifs crainte d'être pris et exécutés, rentrèrent dans Rabastens, et tous reçurent leur grâce du roi. On reconnut enfin que le parti de *la Matte* étoit le plus sain, le plus raisonnable et le plus innocent, et que celui de *la Séquelle* étoit mutin et seul coupable.

Enfin, M. de Jalenques, voulant mettre tous ses adhérans à couvert, déclara, en demandant la grâce au roi, qu'il avoit lui-même tué ledit Rolland, tandis que celui qui le tua fut véritablement Jacques Resclause, dit *Cachoniou*[2]. M. de Jalenques obtint des lettres de grâce, à faire entériner par un parlement. Il choisit celui de Bourdeaux, parce qu'il connaissoit particulièrement les juges ; néanmoins, ceux-ci le firent

---

1. Voy. E. Marty, *Cartul. de Rabastens,* doc. n° 95.
2. Vu la parenté de Jacques Resclause avec la victime et sa présence aux côtés de Jean Rolland, son cousin, lors de l'agression contre le baron de Saint-Géry, sa culpabilité nous paraît invraisemblable.

mettre sur la scellette, les fers aux pieds selon les formes, et le firent trembler par leurs interrogations. M. de Jalenques eut la grâce, mais il jura qu'il ne feroit plus entériner de pareilles lettres, tant il fut effraié de la sévérité de ces juges souverains.

*Prophétie 110 de* Nostradamus *sur le changement des robes des consuls de Rabastens, fait par le parti de* la Matte :

> Quand consul habit neuf prendra,
> Dans ville où l'eau et vin abonde,
> La Séquèle s'enfuira,
> Crainte que Matte ne la tonde.

Cette prophétie de *Nostradamus* ne peut mieux s'appliquer qu'à la ville de Rabastens. Dans cette ville, il y a en effet beaucoup de vin et d'eau en abondance. Témoins son grand vignoble et les belles fontaines qu'il y a à chaque porte de la ville.

En 1663, Me Arnaud Delherm, chanoine de Rabastens, fit le sonnet suivant, en faveur de messire Louis de La Roque Bouilhac, baron de Saint-Géry et de Loupiac, touchant sa bravoure dans la tentative de son assassinat :

*Dessein avorté où parut l'adresse et le courage d'un vrai gentilhomme, qui essuia une grêle de cinq coups de pistolets imprévus.*

> Astrée, dormez-vous ? Souffres-vous qu'un outrage
> Etale son venin avec impunité ?
> La grêle eût abbatu ce roc [1] de fermeté,
> Si la faveur du ciel n'eût dissipé l'orage.
>
> Quatre fous achevés et tous bouillans de rage,
> Le pistolet en main et l'épée au côté,
> Font voir en l'attaquant ce qu'ils ont concerté ;
> Mais, tout couvert de feu, manque-t-il de courage ?

---

1. Allusion aux armes de la famille de La Roque-Bouilhac : *D'argent ; au chef d'azur, chargé de 3 rocs d'or.*

Il met le fer au vent, essuie tous les coups
Et poursuit vivement cette trope de fous.
Le pistolet, honteux de leur noire entreprise,

Respecte la valeur de ce jeune César
Et, s'en prenant en vain au portail d'une *église*,
Ne fit qu'un peu de bruit, qui vola vers le Tarn [1].

## ÉPIDÉMIES DE PESTE

Le sieur Bernard Rolland, bourgeois de Rabastens, y apporta la peste de Toulouse, dont sa femme mourut. Elle se communiquoit avec le reste des habitans, qui ne le savoient pas; tellement que la contagion attaqua presque toutes les familles de Rabastens. M<sup>e</sup> Antoine Sadoul, notaire, auteur de ces présents *Mémoires,* quitta la ville avec Antoinette Bufel, sa femme, et leur fille Jeanne, et s'en allèrent à leur métairie de Teyssode le 29 juillet 1653 [2]. Les autres habitans abandonnèrent aussi la ville. Au mois de novembre, le mal commença de cesser, et ledit Sadoul rentra dans Rabastens avec sa famille le 27 décembre 1653. La peste ravagea Rabastens pendant 5 mois; il y périt 1,400 personnes, et, dans le restant du consulat de cette ville, il y mourut 200 personnes. Ce Bernard Rolland, sortant de faire bonne chère, fut tué le 15 août 1660.

L'an 1681, la ville de Rabastens étant attaquée de grande maladie contagieuse [3], les habitans furent contraints de l'abandonner, allant chacun ou à son bien de campagne ou chez ses amis. François-Louis Gaubert, mon père, s'en alla à Salvagnac, avec Anne de Maruéjouls, ma mère, et mes frères et

---

1. M. le comte Raymond de Toulouse-Lautrec a publié ce sonnet dans sa notice sur le château de Saint-Géry, parue dans l'*Illustration du Midi,* n° du 16 octobre 1864. A cette occasion, il dit que ce sonnet lui paraît de ceux qui valent un long poème et qu'il est beaucoup plus amusant. Nous ajouterons que la forme hyperbolique de cette pièce ne diminue en rien la valeur du héros.
2. Voy. E. MARTY, *Arch. des notaires de Rabastens,* chronique de 1653.
3. Une délibération de la communauté du 22 déc. 1680 nous apprend que le *mal populaire* faisait alors un grand nombre de victimes, *sans pouvoir en découvrir la cause.* Une autre, du 7 janvier suivant, dit que cette maladie n'avait aucun caractère *pestilantiel.*

sœurs, chez M. Pradier, notaire, son neveu, pour 2 ou 3 mois. Alors, la ville de Rabastens, pour faire cesser ce fléau, fit un vœu à sainte Barbe, vierge et martyre. Comme parmi les reliques des saints, qui étoient à Rabastens, il y en avoit de cette sainte sans châsse, on fit faire un buste d'argent, représentant sainte Barbe, avec châsse et pavillon [1], et on fit vœu de fêter la matinée du jour de la fête de cette sainte, à perpétuité, et de faire une procession tous les ans, ledit jour ; ce qu'on observe régulièrement, les consuls faisant fermer toutes les boutiques pendant ce matin là et assistant à la procession que le curé et le chapitre font.

## MISSIONS

En 1683, les Jésuites firent la mission à Rabastens. Ils firent planter leur croix à la porte Soubirane, à l'entrée du Grand-Faubourg, au milieu d'une grande place, où il y avoit un ormeau [2].

Vers 1691, le P. Honoré de Cannes, capucin et célèbre missionnaire, prêcha une mission à Rabastens. Les Pénitens Blancs portèrent la croix, qui fut plantée.

L'an 1747, le P. Mory, jésuite de la maison professe de Toulouse, donna à Rabastens une célèbre mission et retraite pendant tout l'Avent, et rétablit à l'église Notre-Dame du Bourg la fête du Sacré-Cœur de Jésus [3]. Les Pénitens Bleus écrivirent secrètement à l'archevêque d'Alby, pour obtenir la permission de porter la croix, qu'on devoit planter, comme on fit, près de l'église Saint-Roch. Mgr l'évêque d'Evrie, vicaire général, leur répondit qu'aiant porté celle de la dernière mission, faite à Rabastens en 1712, par le P. Astorc, jésuite, il étoit bien juste que, si les Pénitens doivent porter cette croix, ce fût les Pénitens Blancs ; mais que ce ne seroient ni les uns

---

1. Voy. E. MARTY, Délib. des conseils polit. de Rabastens, p. 82.
2. Par conséquent, la croix actuelle, en souvenir de la mission de 1864, n'est pas la première qui ait été érigée sur cette place.
3. Voyez : Confrérie des Pénitens Blancs.

ni les autres, à cause de quelque discution qu'ils avoient eu entre eux cette année. Ce fut le Chapitre qui porta cette croix [1].

## PANIQUE DE 1703 A RABASTENS

Fausse alarme partout, le même jour, que les huguenots venoient en troupe brûler et tuer toutes les villes et villages du Languedoc et même de la France.

Vers la même année 1703, il y eut dans toute la province de Languedoc une alarme au même jour, mais fausse alarme. C'est qu'on disoit que les huguenots venoient le soir même dans chaque ville et village du Languedoc et de la France mètre tout à feu et à sang. Jamais de plus grande épouvente par tout païs. Ce bruit frapa si fort tout le monde, que ceux d'un village l'abandonnoient pour aller confusément dans un autre chercher un abri, et cela le même jour, surtout croïant que l'ennemi étoit à un quart de lieue près. Une femme de Buzet, dans ce trouble général où tout le monde étoit et quitoit tout, vint à Rabastens avec une foule d'autres gens de Buzet, portant un enfant de sa voisine, le prenant pour le sien propre, sans s'en être aperçue qu'à Rabastens, tant on étoit efraïé. M. de Rollet étoit collonel des gardes bourgeoises. Il y en avoit deux compagnies à Rabastens. M. Delroc Resclause, capitaine d'une de ces compagnies, les fit mettre toutes sur les armes. Tout le peuple s'armoit d'épées, fusils, pistolets, bâtons et autres armes. M. de Rollet ne croïoit point ce bruit véritable. En efet, ce fut une fausse alarme ; mais elle se répandit, en même temps, jusqu'à Paris. Tout étoit en combustion [2].

1. Une autre mission fut prêchée à Rabastens en 1780. Voy. E. MARTY, *Livre de raison de la famille Vigourous*.
2. Voy. *Paniques générales survenues dans le Haut-Languedoc au XVIIIe siècle*, par E. CABIÉ (*Revue du Tarn*, tome XVII, 1900, et à part). Dans cette étude, notre très regretté ami a prouvé que cet événement eut lieu entre le 20 et le 28 septembre 1703. L'examen attentif d'un document publié par M. Emile Jolibois dans la *Revue du Tarn*, t. I, p. 316, nous permet de conclure que cette panique dut se produire, à Rabastens, le 23 septembre 1703.

## ÉGLISE SAINT-MICHEL

La plupart des nobles de Rabastens, nommés dans la donnation de 1210, sont enterrés dans des mausolées qui sont dans le cimetière de l'église Saint-Michel de Rabastens, une des plus anciennes églises de la ville[1]. Ces mausolées sont des espèces d'arceaux, unis avec les murailles de ladite église, devant et derrière, vers le chœur, en dehors, dans le cimetière. Le mausolée du noble apelé Colombe (*lisez* Jourdain de Rabastens) étoit au fond de ladite muraille, en dehors, au bas de l'église. On a percé ce mausolée pour y faire la porte, qui étoit trop incommode à l'endroit du couchant, où elle étoit. Au-dessus de cette porte, il y a encore l'épitaphe dudit Colombe, en latin corrompu de ce tems là. Elle est écrite sur une grande pierre, en lettres gothiques; la voici :

HIC IACET IN TUMBA, SIMPLEX SINE FELLE COLUMBA,
MILES VERIDICUS, VERÆ VIRTUTIS AMICUS,
DE RABASTENXO IORDANUS MUNERE MIRO
BONUS; CONTINUA SIBI DETUR MANSIO DIVA.
    ANNO M.CC.LXIIII, X KALENDAS DECEMBRIS.

## ÉGLISE NOTRE-DAME DU CHATEAU

On n'a pu encore découvrir des actes qui nous aprennent en quel tems l'église Notre-Dame du Château fut bâtie[2]. Les

---

1. Dans la notice que nous publierons plus tard sur la chapelle Saint-Michel nous prouverons que l'ancienne église du même nom, qui occupait le même emplacement, fut la primitive église paroissiale de Rabastens.
2. Dans les plus anciens documents, cette église est dénommée *Notre-Dame de la chapelle du château*. D'autre part, elle était située à quelques pas du lieu où s'élevait l'ancien château-fort *(caput castri)* et sa façade méridionale reposait sur le mur d'enceinte de la ville. Il semble donc résulter de sa dénomination et de sa situation que cette église fut à l'origine la chapelle particulière du château proprement dit.

désordres des guerres civiles en ont fait sans doute perdre les monuments, lorsque la ville étoit si désolée de ces fléaux.

Suit le texte ou l'analyse des documents dont voici les titres :

Fondation d'un troisième chapelain dans l'église Notre-Dame du Château (14 octobre 1505)[1].

Fondation d'un quatrième chapelain dans ladite église (1531).

Consécration de l'église Notre-Dame du Château (26 juillet 1544)[2].

Depuis la consécration de cette église, il est d'usage d'y faire l'office de l'anniversaire, depuis les premières vêpres jusques et inclus les secondes. Le curé de Rabastens tient l'office, et en son absence, un des chanoines.

Testament de M⁶ Vital de Trusscria, recteur de Saint-Martin de Morts, portant donation d'une pièce de terre, située à Agrouse, sous la charge de 10 messes basses par an, faite en faveur de l'église Notre-Dame du Château (29 septembre 1546).

Testament de M⁶ Pierre Rivières, curé de Montvalen et chanoine de Rabastens, portant donation de 150 livres, faite en faveur de l'église Notre-Dame du Château, sous la charge d'une grand'messe de *Requiem* par an et d'un *Libera me* chaque dimanche (12 septembre 1624).

Le 27 février 1723, un samedi, à 11 heures du soir, le clocher de Notre-Dame du Château s'abatit avec ses 4 cloches. Ce clocher étoit le plus beau de la ville. Il étoit fait en octogone, et les fenêtres y étoient gemèles sur chaque face. Il avoit deux étages lorsqu'il croùla. C'étoit une masse pesante, qu'on avoit été obligé anciennement de diminuer de deux autres étages, parce qu'elle accabloit les murailles. Il y avoit quatre piliers qui suportoient cette lourde masse. Un de ces piliers étoit un assemblage de pièces de bois unies avec du fer ; un autre pilier avoit au dedans l'escalier dudit clocher, ce qui afoiblissoit fort ce pilier. Ce clocher tomba sans qu'au-

---

1. Voy. E. MARTY, *Archives des notaires de Rabastens*.
2. Voy. E. MARTY, *Cartulaires de Rabastens*, doc. n° 69.

cune cloche se cassât; on les trouva sous les ruines toutes entières, excepté une qui avoit été cassée quelques années avant. Cette chûte fit un bruit épouvantable ; on l'entendit de Sainte-Quiterie, et tout Rabastens se leva du lit, effraiez de ce fracas, sans savoir d'abord ce que c'étoit.

CLOCHER DE N.-D. DU CHATEAU EN 1723.

Il avoit anciennement deux autres étages. Ce dessein est fait à la hâte et à l'œil ; mais il suffit pour donner une idée de sa façon. Il faut avouer qu'il faisoit, à ce coin de ville, une belle figure. Au reste, le carrillon en étoit très beau et, le long du Tarn, il faisoit un écho charmant.

Comme ce clocher menaçoit ruine depuis longtems, les chanoines de Rabastens, qui faisoient la desserte de cette église à la place des quatre anciens chapelains, veu le danger d'être écrasés, avoient depuis environ 10 mois cessé d'y faire le service et le faisoient dans la chapelle voisine des Pénitens Bleus. C'étoient 2 messes les jours de dimanches et fêtes, et vêpres avec un *Libera me Domine* à complies. Les 16 chanoines de Notre-Dame du Bourg se relèvent de 4 en 4, tous les 3 mois, pour faire ce service.

Le chapitre obtint une ordonnance de M$^{gr}$ Armand-Pierre de La Croix de Castries, archevêque d'Alby, portant que ledit service seroit transféré de la chapelle des Pénitens Bleus dans l'église du Bourg. Le premier janvier 1728, les chanoines commencèrent de dire au Bourg la grand'messe, comme on la disoit à Notre-Dame du Château ; et à la place des vêpres, on y disoit des litanies, conformément à ladite ordonnance.

Cette translation étant si loin du Château, les habitans de ce quartier, craignant qu'on ne négligeât à jamais la réparation de leur église et que le service ne fût transféré à perpétuité à celle du Bourg, se soulevèrent et se sindiquèrent. Ayant à leur tête MM$^{es}$ Dumas et Resclause, avocats, les Castelats (nom des habitans du Château) firent si bien qu'on se servit des débris du clocher et de ceux de la moitié de ladite église, dont on retrancha le bas depuis presque le milieu, où étoit situé le clocher, pour réparer ladite église, où on fit un clocher à la rustique, dans lequel il y a 2 cloches et une ouverture pour y en mettre une troisième[1]. Il y eut encore assez de matériaux pour réparer les murailles de la ville, joignant ladite église, et on en vendit même pour une somme suffisante pour faire blanchir l'église du Bourg. Il est vrai qu'on employa le prix de 2 cloches cassées, qu'on vendit. Pierre Golce et Bernard Fabre, maçons de Rabastens, firent ces réparations. Enfin, on recommença de chanter la grand'messe dans cette église le 5 juin 1735, à la plus grande satisfaction des Castelats.

En vertu d'une lettre de l'archevêque d'Alby, en date du 5 avril 1740, M$^e$ Champagnac, curé de Saint-Amans et vicaire forain du district de Rabastens, bénit le nouvel autel de

---

1. La vue de ce clocher, dessinée par l'abbé Gaubert, ne méritait pas d'être reproduite. C'était un simple mur, percé de trois ouvertures, deux en bas et une en haut, dans lesquelles étaient placées les cloches. Ce mur était couronné par un fronton, surmonté d'une croix avec girouette.

Notre-Dame du Château. On avoit démoli l'ancien, pour permettre la mise en place d'un rétable, fait par Jean-Pierre Randeynés, fils, sculpteur de cette ville. L'ancien rétable fut vendu 21 livres, le 9 avril 1741, à la chapelle Sainte-Luce de l'église Notre-Dame du Bourg.

M. Dupuy, peintre, soldat de M. de Puységur [1], avoit entrepris le tableau de la Conception, pour le grand autel; mais, ne l'aiant pas achevé, étant obligé de partir pour le service, on tint compte au trésorier, le 21 juillet 1743, de la somme de 26 livres 19 souls, qu'il lui avoit donnée d'avance.

Le pavillon de Notre-Dame fut fait par Augustin Ricard, menuisier, suivant police du 7 août 1747, moiennant 100 livres de façon.

*Inventaire de titres appartenant à l'œuvre-mage de Notre-Dame du Château en 1737* [2] *:*

1º L'acte de fondation de 3 prêtres chapelains par Ant. Césérou, Ant. Mondonié et Paul Carpentier (14 oct. 1505).

3º L'original du certificat de consécration de ladite église (26 juillet 1544).

4º Trois anciens livres; le premier intitulé : *L'an 1310, foc fait lo present libre de la confraria de Nostra-Dama de la capella del Castel.*

5º Un acte d'affranchissement du 24 février 1418, fait par Pierre de Mareux, en faveur de l'œuvre de ladite église, d'une vigne au local de la Coutario.

7º Acte du 15 nov. 1491, contenant une reconnaissance faite par les ouvriers de ladite église, en faveur du Roy, de 6 deniers de rente, pour un jardin situé dans le Château et donné à l'œuvre par Guillaume Vignes.

8º Ordonnance de l'archevêque d'Alby du 23 oct. 1736, portant permission de donner la bénédiction du Saint-Sacrement dans ladite église chaque 5ᵉ dimanche, après vêpres.

10º Ordonnance de l'abbé de Moissac (26 mai 1393).

---

1. Pierre-Louis de Chastenet, comte de Puységur, plus tard ministre de la guerre.
2. M. Gaubert a emprunté ce document et les deux suivants au *Registre de l'œuvre-mage de Notre-Dame du Château,* aujourd'hui en la possession de Mᵐᵉ de Chambon.

*Rentes dues à l'œuvre-mage de Notre-Dame du Château en 1737 :*

| | | |
|---|---|---|
| Marie Dalbens et Jacques Roucou............ | 6 l. | 8 s. |
| Pierre Pigeron et Jean Mouriez............. | 16 — | 14 — |
| Demoiselle Pradines et Duraud............ | 5 — | 10 — |
| Demoiselle Lacoste et Antoinette Alet....... | 6 — | |
| Jean et Antoine Cassairés................ | 3 — | |
| Marie Marty, femme Bréthénou........... | 1 — | |
| Jacques Audebaud...................... | 1 — | 15 — |
| Jean Lasserre, peigneur de laine.......... | 6 — | |
| Joseph Trilhou, marchand................ | 5 — | |
| Total............ | 51 l. | 7 s. |

*En 1742, il y avoit à Notre-Dame du Château :*

Une croix en argent, garnie de pierreries, avec le Christ d'un côté et l'image de la Vierge de l'autre.

Une vierge en argent, de deux pans de hauteur, portant l'enfant Jésus.

Deux calices et deux burettes en argent.

Douze petits tableaux à corniche dorée, représentant la passion, prêtés par la veuve Bréthénou.

Deux bassins avec statue dorée de la Vierge.

### ÉGLISE NOTRE-DAME DU BOURG

Par instrument du 26 novembre 1374, retenu par Albine, notaire, le prieur, les consuls et les marguilliers de Notre-Dame du Bourg permirent à Mᵉ Guillaume Sainte-Croix, recteur de Saint-Pierre de Bracou, de faire bâtir la chapelle de la sainte Trinité dans l'église du Bourg, à la charge de la faire desservir.

### CHAPELLE D'ISARNY

D'un instrument du 10 février 1471, retenu par Albine, notaire, appert que Gibert Rouch, ayant fait batir une chapelle en l'église du Bourg, donna aux consuls une toute petite place, assise au derrière de ladite chapelle, confrontant avec rue publique, maison de Pierre Albine, notaire, et autres[1].

*Catalogue des reliques qui sont à l'église paroissielle Notre-Dame du Bourg, suivant la vérification faite par M° Bertrand, recteur, en l'année 1605 :*

De toutes ces reliques, il y en a 16 qui ont des châsses d'argent magnifiques avec leurs pavillons dorez. Les bustes représentent les saints dont ils renferment les reliques. Il y a 2 temples d'argent, renfermant quantité de reliques diverses, qu'on porte à certaines processions. La plupart de ces reliques furent données à cette ville par Charlemagne, qui en donna aussi à Saint-Sernin de Toulouse. Ce pieux prince les avoit portées de Rome, comme nous l'avons dit ailleurs.

Nous donnons ci-dessous l'état desdites reliques, divisé par mois, avec l'indication, en marge, du quantième du mois où l'on célèbre la fête de ces saints.

### JANVIER

2. Reliquiæ sancti Macarii, martyris, videlicet de ossibus capitis.
7. De ossibus beati Luciani, martyris, et de ejus sudario et minutiis.
17. De ossibus beati Supplicii, archiepiscopi et confessoris, qui fuit archiepiscopus Viturcensis De ossibus et dentibus beati Antonii, abbatis.
20. De ossibus sancti Fabiani, martyris.
21. De ossibus beatæ Agnetis, virginis.
22. De ossibus beati Vincentii, martyris, et de capite sanctæ Anastasiæ, mart.
24. Reliquiæ sancti Sabini, episc. et confessoris.

### FÉVRIER

1. Reliquiæ sancti Severini, episc. et confessoris.

---

1. Dans la *Monographie de l'église Notre-Dame du Bourg*, nous établirons que la chapelle fondée par Gibert Rouch, plus tard *chapelle d'Isarny*, n'est autre que celle dédiée aujourd'hui à *Notre-Dame du Rosaire*.

2. De vestimento et de corrigia beatæ Mariæ virginis et aliis ipsius pannis.
3. De brachio et ossibus beati Blasii, martyris.
6. De ossibus beati Bedasti.
9. De capite seu dentibus et de costa sanctæ Apolloniæ.
10. Reliquiæ sanctæ Scholasticæ, virginis.

## MARS

1. De ossibus sancti Albini, episc. et confessoris.
19. Brachium sancti Patricii, episcopi.
21. De capite et pulvere beati Benedicti, abbatis et confessoris.
25. Reliquiæ de capillis beatæ Mariæ Virginis, matris Domini nostri Jesu-Christi, et de zona ipsius.
29. De tunica beati Hugonis, Bonæ-Vallis, et reliquiæ beati Hugonis, de emilla et mappa ipsius.
31. De ossibus sanctæ Sabinæ, virginis et martyris.

## AVRIL

7. De lapide sepulchri sancti Lazari.
9. De capite sanctæ Mariæ Egyptiæ.
15. De ligno loculi beatæ Helenæ, scilicet de ligno sepulchri.
23. De brachio et ossibus sancti Georgii, martyris, et reliquiæ ipsius.
25. De ossibus beati Marci, evangelistæ.
30. De ossibus sancti Eutropii, episc. et martyris.

## MAI

3. De ligno sanctæ Crucis, et reliquiæ ubi inventa est sancta Crux.
16. De capite sancti Honesti, martyris, et de brachio ipsius.
23. De ossibus beati Desiderii, episc. et confessoris.
28. De ossibus sancti Germani, episcopi, et reliquiæ sancti Germani, episcopi et confessoris.

## JUIN

4. De ossibus beati Quirini, martyris.
24. De ossibus beati Joannis-Baptistæ, et de lapide supra quem reposuit caput suam dictus sanctus.
29. De ossibus et capillis beati Petri, apostoli.

#### JUILLET

2. De ossibus beatorum martyrum Felicis et Verudalis cum sociis eorum.
4. De capite beati Isayæ.
5. De ossibus sancti Quirici, martyris.
20. De capite, de collo et digito beatæ Margaritæ, virginis et martyris ; de zona cannula et coma ipsius.
22. Reliquiæ beatæ Magdalenæ, et de capillis ipsius, et reliquiæ sancti Pantaleonis, confessoris.
25. Reliquiæ de capite sancti Jacobi, fratris sancti Joannis, evangelistæ, et de ossibus ipsius.
28. De ossibus sancti Christophori.

#### AOUT

9. De ossibus beati Romani ; costa seu major pars costæ unius beati Romani, martyris, fratris beatæ Colombæ, et de capite ejus.
10. De ossibus beati Laurentii, martyris, et costa exusta in ipsius martyrio, et unus de dentibus ipsius.
11. De ossibus sanctæ Suzannæ.
15. Reliquiæ de sepulchro beatæ Mariæ Virginis, et reliquiæ de monte Sion, ubi Virgo Maria migravit ad cœlos.
16. De ossibus sancti Rochi, confessoris.
20. De stola seu fimbria beati Bernardi ; de zona loris et de alia zona et de mappa in qua comederat ipse beatus Bernardus, abbas.
24. De ossibus beati Bartholomei, apostoli, et de capite beati Bartholomei, martyris et sacerdotis.

#### SEPTEMBRE

1. De sancta Veracia, virgine et martyre.
8. De reliquiis ubi nata est beata Virgo Maria.
10. De cazula sancti Salvii, episc. et confessoris.
14. De ligno Dominicæ crucis, et reliquiæ beati Cypriani, episcopi et martyris.
16. De costa sanctæ Euphemiæ, virginis et martyris.
22. De ossibus sancti Mauricii et sociorum ejus, et reliquiæ sancti Mauricii, episcopi et confessoris.

23. De capite sanctæ Tedæ, virginis.
27. De ossibus beatorum martyrum Cosmæ et Damiani, et reliquiæ de sepulchro sancti Hieronimi.

### OCTOBRE

2. De costa et ossibus beati Leodegarii, episc. et conf.
4. Reliquiæ sancti Francisci, confessoris.
7. De capite et brachio sancti Sergii, martyris.
9. De capite et de ossibus beati Dionisii, episcopi et martyris.
10. De capite sancti Gereonis, martyris.
11. De ossibus sancti Sirini.
14. Reliquiæ sancti Fortunati, episc. et martyris.
22. De capite unius ex ossibus sociarum martyrium sanctæ Ursulæ, et de earum virginum vestimentis.

### NOVEMBRE

2. De ossibus beati Eustachii.
4. De ossibus beati Agricolæ, martyris.
9. De ossibus beatæ Romanæ, virginis et martyris.
11. De costa beati Martini, episcopi.
19. De ossibus beati Abdiæ.
23. De capite et ossibus beati Clementis, papæ et martyris.
25. De oleo beatæ Catharinæ et reliquiæ sepulchri ejusdem.
30. De ossibus sancti Andreæ, apostoli.

### DÉCEMBRE

1. De ossibus beati Eligii, episc. et confessoris.
4. De ossibus beatæ Barbaræ, virg. et martyris.
6. De oleo sancti Nicolai, episcopi.
7. De costa sancti Saturnini.
16. De reliquiis beatæ Albinæ, virg. et martyris.
21. De ossibus sancti Thomæ, apostoli.

## CHAPELLE NOTRE-DAME DU PONT-NEUF

En l'an 1700, les curé, maire et consuls de Rabastens sollicitèrent de l'archevêque d'Alby la permission d'agrandir l'oratoire de Notre-Dame du Pont-Neuf, dit *de Mongauch*, pour y pouvoir dire la messe. Par ordonnance du 8 novembre 1700, Mgr de La Berchère commit Me Jean Curbale, curé de Bracou et vicaire forain du district de Giroussens, pour enquêter sur les avantages ou inconvéniens dudit agrandissement.

Deux ans après et en conséquence d'une requête des maire, consuls et procureur du Roi, M. de Lamoignon, intendant de Languedoc, permettoit, par ordonnance du 26 mars 1702, de prendre du fossé de la ville de Rabastens, au lieu du Pont-Neuf, savoir : 3 cannes 4 pans de terrain dans l'enfoncement de largeur dudit fossé et 5 cannes 6 pans de longueur, pour la construction de la nouvelle chapelle[1].

Le sieur Vernhes offrit à l'archevêque d'Alby de pourvoir aux frais de la bâtisse de la chapelle, s'il vouloit bien en autoriser la construction ; mais tous les frais devoient être aux dépens de Madame Marie de Combètes, veuve de M. Falguière, ainsi que l'avoue ledit Vernhes dans le livre de ladite chapelle.

D'autre part, les maire et consuls de Rabastens renouvelèrent leur demande auprès de Mgr de La Berchère, disant que l'intendant avoit permis de prendre le terrain nécessaire ; que la statue de Notre-Dame avoit été honorée de tous tems dans une des tours du Pont-Neuf, où il y a un petit autel ; que les femmes en travail d'enfant tiennent sur ledit autel une lampe allumée et qu'elles sont bientôt délivrées de leurs douleurs

---

1. L'oratoire primitif était dans la tour Est du Pont-Neuf, côté de la ville. La nouvelle chapelle fut construite attenant, sur le fossé, et l'une des façades latérales était en bordure de la rue actuelle *des Escoussières*. En se reportant aux dimensions du terrain concédé par l'intendant et la canne de Rabastens équivalant à 1 m. 796, on voit que la nouvelle chapelle avait 6 m. 30 de largeur et 10 m. 35 de longueur.

par l'intercession de Notre-Dame; que beaucoup d'autres malades avoient été miraculeusement guéris; enfin, les exposans demandoient la construction de la chapelle, joignant ladite tour.

Le premier septembre 1702, M<sup>gr</sup> l'archevêque d'Alby, étant à Rabastens en cours de visite, permit la construction de ladite chapelle, aux conditions suivantes : qu'on n'y feroit point de fonctions curiales et qu'elle seroit soumise à l'inspection du curé de Rabastens ; qu'on n'y célébreroit la messe qu'après qu'elle auroit été bénite; qu'on dresseroit des statuts; et que, pendant la construction, la statue de la Vierge seroit exposée dans la chapelle de Notre-Dame des agonisans de l'église du Bourg.

La bâtisse fut entreprise par Golce, maçon, le 1<sup>er</sup> septembre 1702, à raison de 20 sols par canne pour la seule façon. Il y eut 140 cannes et demie, montant à 140 livres 10 sols. On commença de bâtir en 1702, et Madame Claire de Vaissière, veuve de M. de Nupces, ancien président au parlement de Toulouse, y mit la première pierre.

### STATUTS DE NOTRE-DAME DU PONT-NEUF

François Guilloteau, prêtre, bachelier de Sorbonne, chanoine de l'église métropolitaine d'Alby, vicaire général et official de M<sup>gr</sup> l'illustrissime et révérendissime père en Dieu messire Henri de Nesmond, archevêque et seigneur d'Alby, conseiller du Roi en tous ses conseils et en son parlement de Toulouse ;

Veu la requête à nous présentée par les curé, maire, consuls et habitans de Rabastens, contenant que M<sup>gr</sup> Le Goux de La Berchère, ci-devant archevêque d'Alby et à présent archevêque et primat de Narbonne, auroit par son ordonnance du 1<sup>er</sup> septembre 1702 permis aux supplians de faire bâtir dans le fossé de ladite ville et joignant la porte du Pont-Neuf une chapelle pour y être transférée une statue de la Sainte Vierge, qui étoit dans un petit oratoire, proche de ladite porte, à laquelle statue les femmes enceintes ont recours avec grande confiance et dévotion, pour implorer le secours de la Sainte Vierge, et font allumer dans ledit oratoire une lampe à ce destinée, pendant qu'elles sont en travail d'enfant; nous suppliant qu'attendu que ladite chapelle a été bâtie en conséquence de ladite permission par les soins du sieur Bernard

Vernhes, praticien, et de demoiselle Marie de Combettes, veuve du sieur Jean Falguière, bourgeois, et que ladite chapelle se trouve dans un état décent, il nous plaise commettre un prêtre pour en faire la bénédiction, afin qu'on puisse ensuite y célébrer le saint sacrifice de la messe.

Notre ordonnance du 29 novembre 1704, portant qu'il sera procédé à la vérification de cette chapelle par Mᵉ Jean Curbale, curé de Saint-Pierre de Bracou, pour, sur son procès-verbal, être par nous ordonné ce qu'il apartiendra.

Le procès-verbal de ladite vérification, faite par ledit sieur Curbale, par lequel il conste que ladite chapelle est dans un état décent à y pouvoir célébrer la sainte messe.

La susdite ordonnance de Mgʳ Legoux de La Berchère du 1ᵉʳ septembre 1702, par laquelle, veu l'offre faite par ledit sieur Vernhes de fournir aux frais de la bâtisse de ladite chapelle, aux clauses et conditions énoncées en la requête présentée à ces fins par ledit sieur Vernhes, Monseigneur auroit permis la construction de ladite chapelle, à condition qu'on n'y pouroit faire aucune fonction curiale et qu'elle demeureroit soumise à l'inspection du curé de ladite ville; comme aussi qu'on n'y pouroit dire la messe jusqu'à ce quelle eût été bénite et qu'il eût été dressé des statuts par lui aprouvés;

Par notre présente ordonnance, nous avons commis et commétons ledit sieur Curbale pour faire la bénédiction de ladite chapelle à l'honneur du mystère de la Visitation; après laquelle nous permétons d'y célébrer la sainte messe, aux conditions portées par la susdite ordonnance du 1ᵉʳ septembre 1702, en exécution de laquelle nous avons fait les statuts et règlemens qui s'ensuivent :

1. La fête principale se fera tous les ans, le jour de la Visitation Sainte-Marie, et se célébrera le second jour du mois de juillet.

2. Avant la prochaine fête de la Visitation, le curé ou son vicaire, maire, consuls et principaux habitans s'assembleront dans ladite chapelle et y procéderont à l'élection de deux marguilliers, personnes de probité et sans reproches, pour avoir soin de ladite chapelle et y servir en qualité de marguilliers jusques à la fête de la Visitation de l'année prochaine 1706; dans lequel temps et tous les ans à l'avenir, le jour de la fête de la Visitation, après vêpres, il sera procédé à une nouvelle élection de deux marguilliers, sur la présentation par les marguilliers en charge de 4 personnes, pour, les deux choisies, servir l'année suivante; lesquels marguilliers prêteront serment entre les mains du curé ou son vicaire.

3. Les marguilliers recevront les dons et aumônes qu'on fera à ladite chapelle et les remétront ensuite dans un tronc auquel il y

aura deux serrures, dont une clef sera tenue par le curé et l'autre par lesdits marguilliers.

4. Les marguilliers ne pourront faire aucune dépense au dessus de 10 livres sans le consentement du curé, et au dessus de 50 livres sans la permission de Mgr l'archevêque.

5. Les marguilliers se chargeront par inventaire des vases sacrés, ornemens et autres effets apartenant à ladite chapelle et les remétront à leurs successeurs, et ils rendront leurs comptes huit jours après leur sortie de charge par devant le curé ou son vicaire, maire, consuls, principaux habitans et marguilliers modernes.

6. Le curé tiendra un état exact des messes que les fidèles désireront être dites dans ladite chapelle, et il en fera la distribution en telle sorte que les prêtres de Rabastens soient toujours préférés aux étrangers; lesquelles messes ne pourront être dites ailleurs que dans ladite chapelle.

7. Il ne sera dit aucune messe ni fait aucun service dans ladite chapelle pendant la messe de paroisse, vêpres, instructions et autres offices de la paroisse.

8. Les aumônes, oblations, offrandes et dons qui se feront à ladite chapelle ou l'argent qui en proviendra seront employés d'abord à rembourser audit sieur Vernhes et à la demoiselle de Combètes les sommes par eux avancées pour la construction de ladite chapelle; ensuite les dons seront employés à voûter ou plafoner ladite chapelle. Et, après que le sieur Vernhes et la demoiselle de Combètes seront remboursés et que ladite chapelle sera entièrement bâtie, les offrandes et oblations seront partagées en deux portions égales, dont l'une apartiendra à la chapelle et sera employée à l'achat de vases sacrés et ornemens et aux luminaires, décorations et embellissemens convenables, et l'autre moitié apartiendra au curé de Rabastens. Ne pourra, néansmoins, ledit curé prétendre aucune portion aux dons qui seront faits pour l'usage et service de ladite chapelle, ni aucunes choses que par l'intention des donateurs auront une destination spéciale.

9. Nous permétons de célébrer dans ladite chapelle les messes que dame Claire de Vaissière, veuve de messire François de Nupces, grand président au parlement de Toulouse, a fondées, pour y être dites le samedi de chaque semaine.

10. Les marguilliers auront un livre, dans lequel ils feront transcrire la présente ordonnance et autres actes concernant ladite chapelle.

Donné à Alby, le 12ᵉ juin 1705.

GUILLOTEAU, *vic. gén.*

En conséquence de l'ordonnance ci-dessus, le 18 juin 1705, Mᵉ Jean Curbale, commissaire député par l'Ordinaire, fit la bénédiction de ladite chapelle et y chanta la première messe. Après quoy, assisté de Mᵉ Pierre Montresse, curé, Jean-Victor de Rolland, maire, Jean Gaubert, consul, Jean-François Pigeron, assesseur des consuls, Clément de Naves, procureur du Roi, Guillaume de Branque, scindic de la ville, et autres, ledit Curbale ouit les comptes de ladite chapelle. La recette montoit à 528 l. 7 s. 11 d., et la dépense, à 1,752 l. 6 s. Le surplus de la dépense sur la recette étoit dû à demoiselle de Combètes, citée ci-dessus.

Le 10 mars 1706, Mgr de Nesmond, en cours de visite à Rabastens, accorda la permission de donner la bénédiction du Saint-Sacrement dans ladite chapelle, le 2 juillet, pour 3 ans.

Sur requête presentée par Mᵉ Jean-Pierre Barreau, curé[1], Rolland, maire, Resclause, Vernhes et Lavernhe, consuls, Pigeron, scindic, Clausade, avocat, et autres, Mgr de Nesmond, par ordonnance du 12 septembre 1709, permit de faire voûter ladite chapelle et d'y construire une petite sacristie. En outre, Sa Grandeur permétoit à demoiselle Marie de Combètes de se rembourser des avances qu'elle offroit faire pour ces constructions, tout comme pour celles qu'elle avoit déjà faites.

Suivant police du 6 septembre 1712, Bernard Fabre, maître maçon de Rabastens, entreprit ces nouvelles constructions, qu'il finit le 5 septembre 1713. Mais cette voûte pesoit trop et affaiblissoit la muraille de la chapelle, du côté du fossé. On fut obligé de la démolir, et on y fit un plafond à la place, en 1733.

Il appert d'un mémoire du 2 juillet 1717, écrit par M. Barreau, curé, que défunte demoiselle Jeanne de Giscard, veuve de Mᵉ Pierre Pagez, conseiller du Roi et son juge en chef de Terre-Basse, avoit donné 100 livres pour la construction de ladite chapelle, à la charge d'y célébrer annuellement et à perpétuité une messe pour son mari, le 29 juin, jour de saint Pierre, son patron.

---

1. En 1707, M. Barrau succéda à M. Montresse, qui fut nommé curé de Ladin *(Gaubert)*.

Par une délibération du 2 juillet 1745, à laquelle étoient présens Mᵉ Jean-Pierre-Victor Pigeron de Millet, conseiller du Roi et son juge en chef d'Albigeois [1], Mᵉ François Pigeron, docteur et chanoine de Rabastens, Joseph Rivière, consul, Mᵉ Clément Pélégry, procureur du Roi, Louis Barthez, premier consul, Mᵉ Jean Roquier, avocat en parlement, etc, il fut décidé d'agrandir la sacristie d'une butée à l'autre.

Enfin, le 23 avril 1747, on délibéra de faire fileter en or le reste du rétable de ladite chapelle. Houillac et Cases, doreurs de Lavaur, firent ce travail, moyennant 220 livres. Ledit rétable avoit été fait par François Pernet, dit *Champagne*, sculpteur d'Alby.

### CHAPELLE SAINT-ROCH

Mon grand père, Pierre Gaubert, marchand, fort zélé pour la décoration des églises, voyant que la chapelle Saint-Roch étoit ruinée, entreprit de la relever dans un tems de contagion. Il fit si bien, qu'on la rebâtit beaucoup plus grande et plus solide; car, auparavant, ce n'étoit que des parois de terre. Il fit faire le rétable, la sacristie, la doreure, les peintures par Agar et tous les ornemens de velours et de damas avec les vases sacrés. Il s'y réserva en seul et pour ses descendans le droit de sépulture. Cependant, il voulent ensuite être enterré dans l'église des Cordeliers, où il fit mettre une grande pierre, sur laquelle est gravé son nom et celui de Jeanne de Curbale, son épouse, près de la chapelle de Notre-Dame de Pitié. Les livres de Saint-Roch font foi dudit droit de sépulture. Mᵉ Jean-Pierre Barreau, actuellement curé de Rabastens, a en mains tous les papiers de la confrérie de Saint-Roch, en vertu desquels Marie Gaubert, ma sœur, veuve de Mᵉ Jean Pagès, écuyer, fut enterrée dans ladite chapelle de Saint Roch, le 30 avril 1744, seule sépulture qu'il y ait.

---

1. C'est-à-dire du pais en deçà le Tarn; car de delà le Tarn, comme Alby, Mᵉ Pierre de Clausade en est juge en chef. Ces deux juges sont natifs de Rabastens. Ledit Pigeron y réside, et M. Clausade réside à Alby *(Gaubert)*.

La châsse d'argent de la relique de saint Roch, laquelle représente la figure dudit saint, fut bénie le 15ᵉ d'août 1630, par Mᵉ Géraud Rolland, curé de Rabastens. En 1718, mon frère, Mᵉ Joseph Gaubert, avocat, étant alors premier consul de cette ville, aiant fait faire par Delcros, orphèvre, une réparation à ladite châsse, me donna occasion de prendre copie du procès-verbal suivant, trouvé dans le piédestal de ladite figure de saint Roch :

> Nous, Géraud Rolland, prêtre, bachelier en la sainte théologie, recteur de Rabastens, certifions à tous ceux qu'il appartiendra avoir, en vertu du pouvoir à nous donné par Mᵍʳ le révérendissime Alphonse d'Elbène, évêque d'Alby, en date du dixiesme du courant, procédé, à la réquisition de sire Guillaume Charrat, marchand, et Bernard Gayral, marguilliers de l'œuvre de St-Roch, à la bénédiction de la châsse, et dans icelle avoir remis la relique et ossement dudit saint, pour icelle être révérée et honorée d'un chascun, ainsi que le sont les autres reliques.
> En foi de quoi, nous avons écrit et signé le présent verbal, pour servir à l'advenir, et iceluy avons inséré dans ladite châsse, ce quinziesme d'aoust mil six cens trente.
> ROLLAND, recteur.

L'encensoir et la navette de cette chapelle furent achetés en 1682 et payés 40 écus de 3 livres.

Poujol, habile statuaire, fit pour cette chapelle les statues de grandeur naturelle de saint Roch et de saint Jacques, que M. Granier, de Rabastens, dora ainsi que le rétable.

En 1747, Mᵉ Bernard Gaubert, avocat, étant marguillier de cette chapelle, fit faire les pavillons des reliques de saint Roch et de saint Jacques par Vivarès, sculpteur de Lavaur, et les fit dorer par Houillac et Cases, doreurs, aussi de Lavaur.

## CHAPELLE SAINT-JACQUES

Anciennement, il y avoit une petite chapelle, dédiée à saint Jacques, près du Pont de Murel, hors la ville. Elle n'étoit que de parois de terre battue. Un jour elle croula [1].

---

1. Cette chapelle avait été fondée, en 1586, par Jacques Delhèrm, hoste de Rabastens. Au reste, voy. E. MARTY, *Archives des notaires de Rabastens*, p. 108.

Auparavant, on y exposoit la relique de saint Jacques, pendant l'octave de sa fête. Après la chûte de cette chapelle, on vouloit exposer ladite relique dans l'église Notre-Dame du Château ; mais mon grand père obtint qu'on l'exposeroit dans la chapelle Saint-Roch, dans laquelle on célébreroit la fête de saint Jacques ; ce qui s'exécute depuis, au grand regret des habitans du Château.

Sur l'emplacement de ladite chapelle s'élève aujourd'huy une croix de fer, sur un piédestal, à laquelle on fait station à la procession des Rogations. Ce monument est dû à la piété de Jean Fournier, oratorien, natif de Rabastens, qui vient de quitter les Pères de l'Oratoire après y avoir resté 12 ans dans leur habit, voulant être prêtre, et de se marier à Rabastens. Ladite croix fut plantée le 7 janvier 1750, et depuis on appelle ce lieu l'*Oratoire*, c'est-à-dire la *croix de l'Oratoire*, à cause que son fondateur étoit *oratorien* [1].

### PRIEURÉ ET CHAPITRE [2]

Une ordonnance d'Aymeric, abbé de Moissac, du 26 mai 1393, régla les débats qui s'étoient élevés entre le prieur de Rabastens et les consuls et habitans de cette ville, au sujet du service paroissial qui devoit être fait dans l'église Notre-Dame du Bourg [3].

Par une bulle du IV des calendes de mars 1583, Grégoire XIII unit le prieuré de Rabastens au collège des Jésuites de Toulouse. Le 2 octobre suivant, M. de Vaudemont, abbé de Moissac, donna son consentement à cette union. Mais Ant. Basdoulx, prieur de Rabastens, attaqua la bulle comme abusive, et le scindic du diocèse et les consuls d'Alby firent l'opposition suivante.

---

1. Quoi qu'il en soit, une plaque de tôle, rivée au pied de la croix actuelle, porte l'inscription suivante : PIERRE FOURNIER ET SA SŒUR FONDATEURS, LE 4 OCTOBRE 1821. F. P. R.

2. Il n'est pas superflu de rappeler ici que le prieuré de Rabastens était un *prieuré-cure* et non un *prieuré conventuel* (Voy. E. MARTY, *Cartul. de Rabastens*, doc. n° 105). Par conséquent, l'hypothèse faite par M. ROSSIGNOL (*Monogr. comm.*, t. IV, p. 125-126) doit être abandonnée.

3. Voy. E. MARTY, *Cartul. de Rabastens*, doc. n° 52.

*Opposition du scindic du diocèse et des consuls d'Alby, faite à l'évêque Julien de Médicis, commissaire nommé par le pape* (16 mai 1585).

Les opposans déclarent qu'ils n'entendent contrevenir à la volonté du S$^t$-Père, moins empêcher l'union être faite, pour l'érection d'un collège de la compagnie de Jésus dans la ville d'Albi. Ils entendent remontrer au S$^t$-Père que, depuis les troubles advenus audit diocèse, il n'y a eu d'exercice d'écoles que fort peu, la plupart des maîtres s'étant faits ministres de la religion réformée ; que la fondation d'un collège à Albi est plus utile qu'à Toulouse, qui possède une université dotée d'amples revenus, et particulièrement le collège des Jésuites, sans qu'il soit besoin de l'enrichir davantage ; qu'au contraire, dans le diocèse d'Albi il y a plusieurs villes, entre autres celle de Rabastens, où il n'y a ni collège ni autre lieu pour l'instruction de la jeunesse ; qu'il seroit étrange que les habitans de l'Albigeois vissent les fruits décimaux provenus de leurs terres et labeurs être emploiez pour aprendre la jeunesse d'autres diocèses, et que leurs enfans endurassent la faim de l'instruction ; car, depuis les troubles passés, les habitans sont si pauvres, qu'ils n'ont moien d'envoier leurs enfans à Toulouse ou ailleurs.

Les exposans ajoutent que le revenu du prieuré de Rabastens est, toutes charges payées, de 13 ou 14 cens sols, et qu'on a fait entendre à Sa Sainteté qu'il n'étoit que de 24 écus ducats de Camera.

Qu'il est à craindre que la jeunesse d'Albigeois se déprave en mœurs et hérésie, attendu que ledit diocèse est limitrophe de celui de Castres, tout pollu et contaminé de l'hérésie, comme est la ville de Montauban, diocèse contigu à celui d'Alby.

Pourquoi, lesdits opposans supplient ledit commissaire vouloir les recevoir en leur opposition et insérer leur remontrance dans son procès-verbal ; et, ce faisant, ordonner qu'il soit érigé un collège des Jésuites en la ville d'Alby.

A Alby, le 16 mai 1585. — Louis LAURENS, lic. en droit et scindic du diocèse ; Jean MAZIÈRES et Jean de RESSÉGUIER, lic. en droit et consuls d'Alby.

Le 31 mai 1585, messire François de La Valette, abbé de Moissac, donna procuration à M$^e$ Jean Domergue, bachelier en droit canon, pour, par devant messire Julien de Médicis, évêque d'Albi, juge et commissaire délégué par le pape, comparoir et consentir à l'union du prieuré de Rabastens à la table des Jésuites de Toulouse, à la charge par lesdits Jésuites de nourrir et instruire aux bonnes lettres un religieux de Moissac.

Par lettres du 23 juillet 1585, M$^{gr}$ de Médicis, commissaire apostolique, délégua M$^e$ Barthélemy de Ségalas, chanoine de Saint-Sernin, pour vérifier le contenu au rescrit et bulle concédée par le pape, sur l'union au collège des Jésuites du prieuré de Rabastens.

Le 29 juillet 1585, une assignation à comparoir le 3 aoust devant ledit de Ségalas fut signifiée à plusieurs témoins, ainsi qu'à l'abbé de Moissac et à Nicolas Basdous, prieur de Rabastens. Ces derniers ne se présentèrent pas ; mais le délégué du commissaire apostolique reçut la déposition de onze témoins sur l'articulat des points et clauses du rescrit, fait par M$^e$ Pierre Barreau, scindic du collège des Jésuites.

*Opposition du scindic du diocèse et des consuls d'Alby* (Michel de Révellat, scindic du diocèse, M$^e$ Bernard de La Rivière, doct. en droit, Olivier Alari, bourgeois, et autres, consuls d'Alby).

Nous, scindic du diocèse et consuls d'Alby, répondant au scindic de Messieurs les Jésuites de Toulouse, pour raison de l'union du prieuré de Rabastens, disons que nous sommes instruits de ce fait; ne consentons en rien à ce qui pourroit être fait, préjudiciable à la ville et diocèse d'Alby; ne pouvons pour le présent faire autre réponse que ledit diocèse n'aie délibéré sur ledit fait; protestant de tout ce que nous pouvons et devons; et réquérant la présente réponse être insérée au procès-verbal, pour la conservation des droits dudit diocèse et de ladite ville.

LARIVIÈRE, consul, M$^e$ RÉVELLAT, scindic du diocèse.

*Sentence de l'évêque d'Alby, Julien de Médicis, commissaire nommé par le pape Grégoire XIII, qui unit le prieuré de Rabastens au collège des Jésuites de Toulouse* (27 septembre 1585).

Nos, Julianus, archiepiscopus de Medicis, Albiensis episcopus, commissarius judex executor apostolicus a Sancta Sede Apostolica in hac parte deputatus, visis rescripto pro parte sindici Societatis Jesu collegii Tolosæ nobis presentato super unione prioratus Nostræ Dominæ de Burgo oppidi Rapistanensis nostræ diœcesis Albiensis, quem nunc tenet et possedit in commendam magister Nicolaus Badous, clericus Carnotensis diœcesis, litteris per nos dicto sindico concessis ad vocandum dictum Badous coram nobis ac alios interesse habentes et pretendentes processibus citationis; extractu procurationis illustrissimi et reverendissimi cardinalis de Vaudemont, tunc abbatis commendatarii abbatiæ Sancti Petri de Moisaco, per

Dujarric, notarium, expedito, sub data die secunda octobris anni 1583; instrumento alterius procurationis reverendi patris domini Francisci de La Valete, nunc abbatis dictæ abbatiæ, receptæ per Fosse, notarium Tolosæ, die duodecima maii anni presentis 1585; causis oppositionis sindicorum nostræ civitatis et diœcesis traditis et productis; litteris subdelegationis factæ magistro Bartholomeo Segalas pœnes nos per dictum sindicum remissis, ac omnibus aliis causis ex dictis rescripto, verificatione et processuræ videndi et considerandi, cum protestationibus dictorum sindici diœcesis et civitatis Albiæ.

Ordinavimus et ordinamus, sine prejudicio causarum oppositionis dictorum sindicorum diœcesis et civitatis nostræ ac protestationum illorum, fore procedendum ad interinationem dicti rescripti apostolici, et procedendo prioratum prædictum de Rapistanno dicto collegio Societatis Jesu Tolosano perpetuo unittimus, annexavimus et incorporavimus, unimusque annexamus et incorporamus, cum omnibus annexis juribus, fructibus et pertinentiis universis, ad gaudendum de illo, post decessum vel amissionem præfati Badous, prout in dicto rescripto latius continetur. Ceterum cum ad executionem præmissarum alterius faciendum perspicimus quoad præsentes personaliter interesse, universis et singulis presbiteris, ceterisque viris ecclesiasticis in quibusdam gradibus vel officiis constitutis, notariisque ac tabellionibus publicis, clericisque solutis in dicta nostra diœcesi Albiensi aut alibi, ubilibet constitutis, auctoritate prædicta plenarie committimus, quos nos et quemlibet illorum in solidum eadem auctoritate et tenore presentis nostræ ordinationis requirimus, quatenus ad dictum Badous et alios et singulos quorum interest aut interesse poterit, necnon ad dictum prioratum et alia loca, de quibus, ubi, quando et quoties opus fuerit, personaliter accedant, seu alter ipsorum accedat et præfatas litteras apostolicas et nostram presentem ordinationem legant, intiment et notificent et fideliter publicari faciant vel procurent, ac post mortem vel venerationem, dimissionem aut amissionem ejusdem Badous, dictum sindicum in possessionem realem, actualem et corporalem præfati prioratus, annexarum jurium, fructuum et pertinentiarum universarum, ponant et inducant.

Datum Albiæ, in domo nostra episcopali, die 27 mensis septembris, anno Domini 1585.

† Archiepiscopus MEDICIS, Albiensis episcopus.

*Moyens d'abus sur le rescrit qui porte union du prieuré de Rabastens au collège des Jésuites de Toulouse.*

La bulle portant union est nulle par le défaut de la cause :

1º Parce que les témoins de Toulouse qui ont déposé sur la pauvreté dudit collège n'en ont pas dit le revenu exact et fidèle ;

2' Le consentement du cardinal de Vaudemont, abbé de Moissac, est inutile, parce qu'il mourut avant l'accomplissement de la procédure ;

3º Parce que le consentement de M. de La Valète, étant donné sous une condition qui n'est ni ordonnée ni exécutée, rend nuls le rescrit et la sentence d'union.

Ladite bulle est encore nulle par le défaut de formalité :

1º Parce qu'une union étant une aliénation, elle ne peut être faite sans le consentement formel de l'abbé et du chapitre de Moissac. Or, il falloit non seulement le consentement de l'abbé, mais encore celui du chapitre, parce que celui-ci, *sede vacante*, use de tout ce qui est de la juridiction de l'abbé ;

2º Parce que le scindic des pauvres de Rabastens n'a pas été apellé. Il devoit l'être, à cause d'une portion qu'il a sur les fruits du prieuré, comme conste par l'ordonnance de l'abbé de Moissac de 1393 et accords passés en 1611 et 1631 ;

3º S'il est vrai que l'abbaïe de Moissac ait été fondée par Clovis, elle est donc de fondation roïale, et, le prieuré de Rabastens en étant une dépendance, il falloit le consentement du Prince ;

4º Parce que ni le curé, ni le chapitre, ni la communauté de Rabastens n'ont point été apellés. On les devoit apeller, parce qu'ils pouvoient avoir de bonnes raisons pour empêcher cette union ;

5º Parce qu'il y a lézion ; car, par le susdit acte de 1393, il est ordonné que deux religieux et le curé administreront les sacremens, et, depuis ladite union, il n'y a que le curé et un seul vicaire ;

6º La fulmination ne répond pas au rescrit, car le rescrit porte : Debitis non fraudetur obsequiis, sed ejus congrue supportentur onera consueta ; et la fulmination ne fait aucune mention de ces charges ;

7º Cette bulle est obreptice, parce qu'on a menti au pape, en disant que le prieuré ne vaut que 24 ducats, tandis qu'il vaut plus de 1,500 livres, années communes ;

8º On ne pouvoit pas faire l'union, sans préjudice de l'opposition ;

9º Il est à remarquer que les habitans de Toulouse disent y avoir audit collège 40 prêtres pour le séminaire ; mais le séminaire des Jésuites n'est plus au collège : il y a une maison distincte, qui a au moins 4,000 livres de rente d'un seul bénéfice, qu'on apelle *La Ramière*.

*Accord entre les consuls de Rabastens et le syndic du collège des Jésuites de Toulouse, prieur de Notre-Dame du Bourg (6 avril 1611)* [1].

L'an 1613, les consuls de Rabastens n'étant pas contens des aumônes que les Jésuites donnoient aux pauvres, pour être trop modiques, lesquelles devoient revenir au quart du revenu du prieuré, et les Jésuites trouvant que les consuls donnoient des billets en grand nombre et à des gens qui n'étoient pas des vrais pauvres, par transaction de cette année, les Jésuites demeurèrent déchargés de donner du pain sur lesdits billets, deux fois la semaine, en Carême, à la charge de donner tous les ans, à l'hôpital de Rabastens, la quantité de 18 setiers de beau bled.

*Concordat entre les Jésuites, les prêtres de Notre-Dame du Château et du Bourg, les consuls de Rabastens et autres particuliers, à l'effet de l'augmentation et union du chapitre de ladite ville et des règles d'icelui (29 mai 1631)* [2].

Cette transaction fut approuvée par l'évêque d'Alby et ensuite par arrêt du parlement de Toulouse. Par cet acte, le nombre des chanoines, qui étoit de 12, fut porté à 16. Cette consorce de 16 prêtres fut érigée en chanoines à aumusse par l'évêque d'Alby, à la sollicitation de M. de Baulac, son vicaire général. En conséquence de cette érection, on dressa de nouveaux statuts, et le Roi reconnut ce chapitre par un arrêt du Grand Conseil, à raison duquel on paia la taxe de 200 livres.

Me Jean-Pierre Barreau fut nommé curé de Rabastens en 1707 et y mourut le 24 juin 1748. Son successeur fut Me Jean-Pierre Lassaigne, qui prit possession le 20 juillet 1748. Ledit Barreau, par procès, gagna aux Jésuites le cinquième des grains de la dime du prieuré de Rabastens. Auparavant, il étoit à la congrue. Il fit décider ce cas par finesse, sous un nom étranger, au père Dumas, grand casuiste des Jésuites, ses bienfaiteurs.

---

1. Voy. E. MARTY, *Cartulaires de Rabastens*, doc. n° 85.
2. *Ibid.*, doc. n° 89.

## HÔPITAL

L'ancien hôpital de Rabastens étoit situé au Château, près du Pont du Moulin et derrière la petite place actuelle de M. Delherm. Il y avoit plus de mille ans qu'il existoit en cet endroit, lorsqu'il fut transféré au grand faubourg Soubira [1]. Les rentes que plusieurs maisons du Château font à l'hôpital font foi de cette grande antiquité. Voyez le livre de l'hôpital de Rabastens, rangé en bon ordre par Me Joseph Raynaud, chanoine, bon connoisseur sur les papiers anciens, dans lequel toutes ces rentes sont marquées [2].

On rebâtit l'hôpital au grand faubourg en 1744, et il fut béni le 3 mai 1745. Depuis on y célèbre la fête le 3 mai. Anciennement, on célébroit la fête de Notre-Dame de l'hôpital le jour de la Visitation, c'est-à-dire le 2 juillet.

## COUVENT DES CORDELIERS

Le couvent des Cordeliers de Rabastens, bâti vers l'an 1300 [3], étoit le 7e de la province d'Aquitaine. Auparavant, il étoit situé dans la paroisse Saint-Salvi des Fieuzets, au hameau *del Cun*.

Un chevalier illustre, apelé de ce nom de Cun, leur fit

---

1. Dès 1397, il y avait à Rabastens l'hôpital *Saint-Jeaques*, au Château, et l'hôpital *Notre-Dame*. Ce dernier ou *Maison-Dieu* est dit situé au grand faubourg Soubira dès le xvie siècle (Voy. E. Marty, *Archives des notaires de Rabastens*).

2. Ce registre se trouve aujourd'hui dans les archives de M. le comte de Combettes du Luc.

3. Une convention fut passée dans l'église des Frères Mineurs de Rabastens, entre Bertrand de l'Isle et Guillaume-Pierre de Brens, le dimanche après la fête de saint Pierre et de saint Paul de l'année 1301 (Arch. du Tarn-et-Garonne. *Cartul. des sgrs de l'Isle-Jourdain*, fol. 405).

bâtir à Rabastens un chapelle voûtée, qu'ils apellent le *Chapitre*, où ils ont leur tombeau. Sur ce caveau il y a une pierre gravée, où la figure de ce fondateur est représentée en entier. Autour de cette pierre, sur les bords, il y a, en lettres gothiques et en abrégé, que ce chevalier fit bâtir cette chapelle, comme on peut l'y lire aisément [1].

Le 4 novembre 1423, le scindic du couvent et le prieur de Rabastens passèrent un accord devant Rudelle, notaire, consernant les sépultures et autres choses y contenues [2].

En 1491, Louis d'Amboise, évêque d'Alby, homme de grande vertu, chassa du diocèse les Mineurs conventuels, parce qu'ils vivoient scandaleusement, et donna leurs couvents aux Cordeliers. Il leur bâtit à Alby le cloître, le dortoir et l'église, et leur donna une pension, que ses successeurs paient charitablement. Ceci est tiré des Mémoires de l'Archevêché d'Alby et desdits Cordeliers, traduits du latin en françois par M. de Ripys, chanoine de Sainte-Cécile.

Chez les Cordeliers de Rabastens, il y a des anciens actes qui prouvent que les Conventuels tenoient cette maison. On y voit encore au réfectoire un ancien et grand tableau, où sont représentés plusieurs religieux, recevant de la main de saint François, leur patriarche, la règle de leur ordre. Tous ces religieux sont habillez à la façon des Conventuels et leur taille est de grandeur naturelle ; ce qui confirme que ce tableau fut fait du tems des Conventuels de Rabastens.

Avant la réforme de ces religieux, au tems des Conventuels, ces pères jouissoient de plus de 30 maisons dans Rabastens, entre autres de celle qu'on apelle le *Temple*, près des écoles, et d'un autre *Temple*, situé au Château, près du fossé qui va au pont de Murel.

En 1664, les Cordeliers, aiant le Père Joly pour gardien, firent faire le dortoir avec un grand et beau balcon au bout,

---

1. Voici cette inscription : *Anno Domini MCCCXXXII, nonas mensis septembris, obiit dominus Petrus de Cunho, miles, qui habuit habitui fidem et fecit fieri istam capellam. Cujus anima requiescat in pace. Amen. Pater noster. Ave Maria.*
2. Sur cette question des sépultures, qui donna lieu à un long procès, voy. *La Réforme en Albigeois*, par M. Charles PORTAL (*Revue du Tarn*, t. XXI, 1904, p. 193).

du côté de Toulouse. La même année, ils firent faire les tables du réfectoire de beau bois de noguier, ainsi que 3 sièges pour le célébrant, diacre et sous-diacre, pour la grand messe, et la porte à claire veue du chœur. Les anciennes tables, en chêne, leur furent achetées par Mᵉ Jean Curbale, curé de Bracou, pour en faire l'escalier de sa maison presbytérale, qu'il fit bâtir ladite année 1664.

Le clocher des Cordeliers étoit anciennement tout en bois, préparé à l'huile. Il étoit rond et la pointe étoit fort élevée. On craignit que le bois ne fût pourri, et on le démolit en 1704. Un maçon de Toulouse entreprit de le bâtir en brique, semblable à celui des religieuses de Saint-Pantaléon de Toulouse. Roquier, maître maçon de Toulouse, natif de Rabastens, en avoit fait le dessein. L'entrepreneur ayant discontinué de bâtir, Pierre Golce, maçon de Rabastens, acheva ledit clocher en 1708, sur lequel Pierre Amiel, forgeron, plaça la croix avec girouète.

En 1733, le Père Laliment, gardien, fit faire le grand portail du cloître, joignant le parloir, la tour qu'il y a et les vitres et cent autres belles réparations. La pierre de ce portail fut donnée par mon frère, Joseph Gaubert, avocat, et tirée du rivage de Saint-Amans. Je la fis charrier gratis, du port haut, où un bateau l'aportoit, audit couvent, par les paroissiens de Bracou.

Cette année (1747), les Cordeliers ont fait démolir leurs communs et une grande galerie qui les environnoit en balcon et qui dominoit sur le nouveau chemin de Toulouse, joignant le chœur, derrière leur église, du côté du septentrion [1]. Cette galerie passoit sur la chapelle appelée le *Chapitre*, qu'on couvrira autrement. On y travaille en ce mois d'août 1747.

Il y avoit au cloître des Cordeliers de magnifiques peintures à la fraisque ; il en reste encore quelques traces. Toutes les

---

1. Nous avons eu la bonne fortune de découvrir un ancien plan d'ensemble du couvent des Cordeliers, sur lequel le vocable de chaque chapelle de l'église est indiqué. Nous donnerons la reproduction de ce précieux document, ainsi que de la magnifique pierre tombale du chevalier Pierre de Cun, dans la monographie que nous consacrerons à ce couvent.

peintures furent ravagées par les Huguenots, pendant un an qu'ils demeurèrent maîtres de la ville[1].

## COUVENT DES ANNONCIADES

Le monastère des Annonciades de Rabastens fut fondé le 18 octobre 1617, par le zèle de demoiselle Antonète Delherm, native de ladite ville, qui donna son bien pour cela[2].

Pour l'établissement de ce nouveau monastère, le R. P. Provincial des Cordeliers, qui dirigent ces religieuses, fit venir du couvent de l'Annonciade de Bordeaux trois religieuses, savoir : la mère de Sceaut, la mère de Tellier et la mère de Vienne. La première fut renvoiée à Bordeaux, et les deux autres moururent à Rabastens en 1622 et 1624.

J'ai tiré ce mémoire du monastère des Annonciades de Rabastens, le 10 octobre 1747, par les soins de Madame de Toulza, qui en est la supérieure depuis un an. Cette dame m'a envoié encore une liste de tous les couvents de l'Annonciade, comme s'ensuit :

### MONASTÈRES DE L'ORDRE DE L'ANNONCIADE

1. Bourges.
2. Alby.
3. Rhodez.
4. Bordeaux.
5. Bruges.
6. Béthune.
7. Agen.
8. Louvain.
9. Chanteloup.
10. Anvers.
11. Nivelle.
12. Douay.

---

1. C'est sans doute à cette époque que disparurent, sous le badigeon, les fresques de Notre-Dame du Bourg, découvertes en 1860.
2. Voy. E. MARTY, Cartul. de Rabastens, doc. n° 87. — Le 3 novembre 1618, Alphonse d'Elbène, évêque d'Albi, donna des lettres au provincial des Frères de l'Observance de la province de Guienne, portant son consentement pour faire bâtir, dans la ville de Rabastens, un couvent de religieuses de l'Annonciade (DOAT, 113, fol. 467).

13. Maëstricht.
14. Venloo.
15. Bruxelles.
16. La Réole.
17. Gisors.
18. Rabastens.
19. Namur.
20. Gand.
21. Tirlemont.
22. Roye.

23. Melun.
24. Alost.
25. Düring.
26. Bar en Barrois.
27. Saint-Nicolas (*Lorraine*).
28. Pont-à-Mousson.
29. Montfort.
30. Meulan.
31. Popincourt.
32. Villeneuve d'Agenois.

### ORIGINE DE L'ORDRE DE L'ANNONCIADE

Il y a eu trois ordres différents de l'Annonciade. La deuxième, qui étoit celui des religieuses de Rabastens, fut fondée à Bourges, en 1504, par Jeanne de Valois, fille de Louis XI et femme de Louis XII, qui la répudia de son consentement et avec dispense du pape Alexandre VI. La règle de cet ordre étoit établie sur 10 articles et fut successivement approuvée en 1502, 1514 et 1517. De par les bulles des papes, les couvents de l'Annonciade devoient être soumis à la juridiction des Frères Mineurs [1]; mais la plupart reconnurent dans la suite celle des Ordinaires des diocèses où ils étoient situés [2].

### HABIT DES DAMES ANNONCIADES

Cet habit consiste : 1° en une robe de couleur cendrée, symbole de la pénitence ; 2° en une corde à 10 nœuds, représentant les 10 vertus de la Sainte Vierge ; 3° plus tard, en une ceinture bleue, qui marquoit que le ciel était l'heureux terme où ces religieuses étoient apellées ; 4° en un scapulaire écarlate, souvenir continuel de la Passion de Jésus-

---

1. Du 10 au 17 juin 1699, le R. P. Ambroise Miramond, provincial des Cordeliers, séjourna à Rabastens et visita le couvent des Annonciades (*Arch. du Tarn-et-Garonne*, H. 121).
2. En ce qui concerne le couvent de Rabastens, voy. E. MARTY, *Cartulaires de Rabastens*, doc. n° 107.

Christ ; 5° en un manteau blanc, symbole de la pureté ; 6° en un anneau et une médaille, gages mystérieux de la fidélité qu'elles promettoient à l'Homme-Dieu, leur céleste époux.

Le pape Benoit XIV beatifia sainte Jeanne par décret du 14 avril 1742, et Mgr Armand-Pierre de La Croix de Castries, archevêque d'Alby, donna un mandement, le 17 juin 1743, pour célébrer à Rabastens la fête de la béatification de sainte Jeanne. Sa Grandeur ordonnoit que, le dimanche 14 juillet 1743, le chapitre de Rabastens et les Pères Cordeliers feroient une procession générale pour l'ouverture de la solennité ; qu'ils se rendroient aux vêpres dans l'église paroissiale, où on chanteroit le *Veni Creator* et qu'en chantant des hymnes et psaumes la procession auroit lieu, en faisant station chez les Dames de l'Annonciade.

Le lundi 15 juillet 1743, le chapitre se rendit en procession chanter la grand messe et le soir vêpres chez lesdites Dames.

Le lendemain, messieurs les Pénitens Bleus et Pénitens Blancs s'étant assemblés et convenu de faire leur station chez lesdites religieuses, il fut amicalement arrêté entre eux que, pour éviter la confusion, messieurs les Pénitens Bleus feroient leur procession et chanter la grand messe chez lesdites Dames le matin du même jour, et que la compagnie des Pénitens Blancs feroit la procession et iroit y chanter vêpres, après midi.

Le mercredi 17 juillet, les Pères Cordeliers firent la clôture de cette fête par leur procession, grand messe et vêpres.

Mgr l'Archevêque d'Alby avoit invité les fidèles de venir à Rabastens, profiter des indulgences accordées par le Saint-Père à tous ceux qui, confessés et communiés, visiteroient l'église des Annonciades pendant ces trois jours. Aussi, cette solennité se fit avec magnificence, et un peuple infini des villes d'alentour y accourut. Une procédure fut commencée contre le sieur Gourdas[1], qui avoit insulté un Pénitent Blanc ; mais Mgr de Castries éteignit ce procès et fit faire amende honorable au Saint-Sacrement audit de Gourdas, le dimanche suivant, chez lesdites Dames, où ce scandale s'étoit fait.

---

1. Gilles-Marguerite de La Fite-Pelleporc, chevalier, seigneur de Gourdas.

Le fête de sainte Jeanne commença donc d'être célébrée à Rabastens en 1743, Madame de Colombe étant supérieure du couvent. Madame de Rupé, qui l'étoit avant, avoit fait faire le rétable, le tabernacle, le tableau et la chapelle de Saint-Joseph. Madame de Colombe fit faire le clocher, en 1743, et la cloche, qui pèse 81 livres. Elle fut fondue le 15 septembre 1742, chez Jacques Pélégry, laboureur de Loupiac, par Nicolas Regnaudin et son frère, fondeurs lorrains, qui venoient de travailler à Alby. Ils firent en même tems la cloche de Loupiac, comme il est dit ailleurs.

Madame de Toulza fut supérieure après Madame de Colombe[1]. Elle fit ôter une méchante tribune qu'il y avoit au fond de leur église, à la grille d'en haut, et fit placer une grande grille en bas, plus commode pour leur administrer la communion. Plus tard, elle fit faire la chaire à prêcher, le portail et plusieurs embellissemens. Enfin, elle fit pratiquer une porte dans la chapelle de Saint-Joseph, pour aller du cloître dans l'église.

## CONFRÉRIE DES PÉNITENTS BLANCS[2]

Le *Manuscrit Gaubert* contient de nombreux détails sur les Pénitents Blancs; mais, comme la plupart se trouvent aussi dans le registre de cette confrérie que nous publierons prochainement, nous ne reproduisons ici, sauf de rares exceptions, que les renseignements qui ne sont pas relatés dans le registre que nous venons de citer. Quant aux détails que nous négligeons aujourd'hui, on les trouvera dans nos *Délibérations de la confrérie des Pénitents Blancs de Rabastens*.

Le 8 mai 1608, les statuts de la confrérie des Pénitens Blancs de Rabastens, déjà érigée depuis quelque tems dans

---

1. Marie de Colombe du Lis mourut le 18 avril 1752, et Anne de Toulza, le 1er avril 1754 (*Arch. du Tarn*, E. 5.027).
2. Voy. l'abbé Quérel, *Hist. de la confrérie des Pénitents Blancs, etc., de Rabastens*, et E. Marty, *Livre de raison de la famille Vigourous*.

l'église Saint-Michel, furent aprouvés par Mgr Alfonse d'Elbène, évêque d'Alby [1].

### CONSTRUCTION DE LA CHAPELLE

Par acte du 6 janvier 1616, André-Gabriel Dumas, bourgeois de Rabastens, fit donation à la confrérie d'un emplacement pour y bâtir une chapelle [2]. Cette donation fut autorisée le 12 du même mois par M. Roch de Combettes, juge d'Albigeois.

Le 2 mars suivant, les habitans de Rabastens, assemblés à l'Hôtel de Ville, délibérèrent qu'ils consentoient tous que les Pénitens Blancs bâtissent leur chapelle au lieu *del Bastiment*. Le 5 de ce mois, l'évêque d'Alby aprouva ce projet et donna pouvoir à l'archiprêtre de l'Isle de bénir ce lieu. Enfin, la chapelle fut bâtie.

Plus tard, une délibération de la communauté du 23 juillet 1647 permit à la confrérie de fermer une ruelle qui existoit entre la chapelle et les murailles de la vile, à condition de la rouvrir en cas de nécessité.

On voit par ce dessus que la chapelle a été faite en diverses reprises, et qu'on la prolongea jusques aux murailles de la ville, en y incorporant ladite ruelle, sur laquelle on bâtit le portail, fait en 1660, la tribune nouvelle et le clocher [3].

Le 3 mai 1666, Me Jean Clausade, avocat, étant prieur de la confrérie, les Pénitens Blancs délibérèrent de faire une grille ou jalousie à la tribune neuve, sur les desseins de Jacques Boucher, maître menuisier.

Le 28 janvier 1674, Me André Rolland, avocat, et autres confrères emploièrent 200 livres pour paier le reste de la

---

1. Dans la requête qu'ils présentèrent à l'archevêque d'Albi, le 26 janvier 1747, pour obtenir la permission de faire une procession le jour de la fête de saint Bonaventure, les Pénitents Blancs disent que leur confrérie est érigée à Rabastens *depuis environ deux siècles* (Registre de la confrérie).
2. Voy. E. MARTY. *Archives des notaires de Rabastens*.
3. Ce portail, conservé lors de la démolition de cette chapelle, en 1894, fut reconstruit dans la façade principale de la nouvelle église Saint-Pierre des Pénitents Blancs.

bâtisse de la chapelle et le reste de la menuiserie, à Jean Roquier, maître maçon, et audit Boucher. Cette somme avoit été donnée par fue Jeanne Falguière, veuve de Jean Giscard, pour acheter et entretenir une lampe ; mais, avec l'agrément de son héritier, ces messieurs paièrent les dettes de la chapelle.

### CONSTRUCTION DU NOUVEAU RÉTABLE [1]

L'ancien rétable étoit en charpente et décoré par des toiles peintes et des tableaux à la détrempe, qui représentoient, en bas, *l'adoration des Rois* du côté de l'épitre, et la *naissance du Sauveur* du côté de l'évangile. Le haut, tout en peinture à l'huile, n'étoit que divers tableaux, représentant les scènes de la *Passion* et de la *Résurrection de Jésus-Christ*.

Suivant une délibération du 30 mai 1728, on démolit ce rétable le lendemain, et on fit faire un dessein du nouveau à M. Gaye, sculpteur de Toulouse, qu'il envoia le 25 juin 1730 et qui coûta 40 livres [2].

La première pierre du nouveau rétable fut placée le 31 octobre 1731, du côté de l'évangile, par Me Guillaume Falguière, lieutenant du juge et lors prieur de la confrérie. Il y mit divers billets de banque de 100 livres chacun. C'étoit la monnoie qui avoit alors cours ; mais ces billets furent décriez la même année.

Le 31 décembre 1731, moi, Jean Gaubert, curé de Bracou, par ordonnance de Mgr Armand-Pierre de La Croix de Castries, archevêque d'Alby, je fis la bénédiction du nouvel autel et dudit rétable avec grande solennité.

Le 2 décembre 1736, il fut délibéré que la construction du

---

1. L'abbé Quérel a donné une vue de ce rétable dans l'ouvrage déjà cité, après la p. 48.
2. En 1894, un ouvrier découvrit une brique, provenant de la démolition de cette chapelle, sur laquelle étaient gravées une *croix* et la date *17 juin 1728*. Cette brique était la *première pierre* du mur qui fut alors construit et auquel devait être adossé le nouveau rétable.

rétable seroit continuée[1]. En conséquence, le 14 juin 1737, une police fut passée avec Antoine Portal, de Caunes, pour le marbre nécessaire ; savoir :

2 colonnes de 8 pieds 9 pouces de longueur, sur la proportion de l'ordre corinthien, au prix de 75 livres l'une ;

6 pilastres de meme longueur, à 37 l. 10 s. l'un ;

4 pièces de frise de 9 pouces de hauteur et de 2 pieds 4 pouces de longueur chacune ;

2 autres pièces de frise de 5 pouces, pour les angles ;

6 pièces de frise, pour les pilastres ;

4 pièces de frise de 11 pouces de longueur ;

2 autres pièces de frise de 20 pouces de longueur, pour le dais des colonnes, plus 10 panneaux pour les piédestaux.

Le tout de beau marbre incarnat, rendu à Toulouse et mis en place par l'entrepreneur.

Ledit Portal mit son ouvrage en place le 1er décembre 1738.

Le 27 avril 1740, une autre police fut passée avec Jean-Pierre Randeynés et Jacques Boucher. Ils s'engagèrent à achever le premier corps du rétable, à faire, en pierre, les chapiteaux des 6 pilastres et des 2 colonnes, plus les corniches et architraves ; le tout selon l'ordre corinthien, comme la partie déjà faite, et ce, moiennant 240 livres et en leur fournissant matériaux, manœuvres, etc.[2].

---

1. De 1731 à 1734, il n'avait été fait, faute de ressources suffisantes, que la partie principale, avec 2 colonnes et 1 pilastre de chaque côté de l'autel. La dépense, bien que plusieurs ouvriers eussent travaillé gratis, s'éleva cependant à la somme de 1,971 l. 4 s. 10 d. Mais il restait encore à décorer les *ailes*. C'est de ces travaux qu'il est ici question.

2. Ce rétable, de style corinthien, décoré de 6 colonnes, de 10 pilastres et de nombreux panneaux en marbre rouge de Languedoc, était d'une grande magnificence. Lorsqu'il fut question de la démolition de cette chapelle et de sa reconstruction, nous tentâmes de sauver ce morceau d'architecture ; mais nos propositions, que se donna la peine de faire, de notre part, Mme la comtesse de Combettes du Luc, ne furent pas acceptées.

Afin de conserver le portail et d'utiliser tout le marbre qui existait, notre projet consistait à édifier la nouvelle église dans le style corinthien. Le portail aurait été reconstruit, comme il l'a été d'ailleurs, dans la façade principale, et 2 des anciennes colonnes auraient complété la décoration de cette partie de l'église ; enfin, le rétable proprement dit aurait été semblable à l'ancien.

Nous laissons aux archéologues le soin de se prononcer sur ce qui fut fait. On peut déjà voir quelle était l'opinion du baron de Rivières sur ce point, dans l'étude qu'il publia dans le *Bulletin monumental*, en 1897, sous le titre : *L'archéologie dans le département du Tarn de 1863 à 1894*.

Suivant délibération du 25 mars 1728, les Pénitens Blancs vendirent le calice, le soleil (ostensoir) et vases sacrés, à M. Lacère, orfèvre de Toulouse, pour 249 livres. Cet orfèvre leur fit un autre soleil, qui est le plus beau qu'il y ait à Rabastens, un autre calice et autres vases sacrés, qui lui furent paiés, le 24 juillet suivant, 447 l. 15 s. 11 d.

Le 5 janvier 1733, une police fut passée avec le sieur Sénac, fondeur de Toulouse, pour faire 6 grands chandeliers, en laiton d'Allemagne, pour 190 livres ; mais on lui donna 2 l. de plus pour avoir fait argenter les armoiries de la chapelle, qui sont au pied de chaque chandelier ; c'est un I H S surmonté d'une croix.

Aux fêtes de Noël 1746, fut placé un tabernacle en marbre, avec couronnement et autres ornemens, faits par Roussard, le plus habile sculpteur de Toulouse. Comme cette pièce ne remplissoit pas suffisamment la place, on convint avec lui qu'il feroit 2 adorateurs de bois doré sur un piédestal en marbre. Ledit Roussard apporta ces adorateurs avec leurs piédestaux aux fêtes de Noël 1748. L'ancien tabernacle fut vendu à M. Salvi Armengaud, prieur de Saint-Giniez.

En ce tems là, on fit faire un nouveau tableau pour le grand autel, où est représentée la *Circoncision de Jésus-Christ*. Les tableaux qui formoient l'ancien rétable sont placés à présent au haut de la chapelle, entre les fenêtres.

### PROCESSION DE LA TRINITÉ

L'article 19 des statuts de la confrérie portoit qu'une procession seroit faite du Saint-Sacrement, en faisant station aux églises, le vendredi dans l'octave de la fête de la Trinité. Les Pénitens Blancs, aiant obtenu de M$^{gr}$ d'Elbène de faire cette procession le jour de la Sainte-Trinité, demandèrent à M$^{gr}$ du Lude, son successeur, de la faire tel jour de l'octave qu'ils voudroient. M$^{gr}$ leur accorda cette permission, en cours de visite, le 31 mai 1638, M. Delherm étant prieur de la confrérie.

### PROCESSION DES PESTIFÉRÉS

Le 26 août 1653, les Pénitens Blancs conçurent le projet de demander à l'archevêque d'Alby la permission de faire une procession, à cause de la peste qui ravageoit alors la ville de Rabastens [1].

Le 2 avril 1654, lesdits Pénitens, assemblés près de la porte du couvent des Cordeliers, ne pouvant faire cette assemblée dans leur chapelle à cause du mal contagieux, délibérèrent de faire le vœu, pour 20 années, d'aller tous les ans en procession, le 8 septembre, chanter une messe à l'église N.-D. du Château ; de se transporter ensuite au cimetière des pestiférés, pour y prier Dieu ; et enfin de revenir à leur chapelle, toujours en chantant les litanies et autres prières, y donner la bénédiction du Saint-Sacrement.

Lesdits 20 ans passés, cette procession fut accordée à perpétuité. Plus tard, on cessa d'aller chanter cette messe au château. A présent (1747), on la chante dans la chapelle de la confrérie et, après midi, on fait la procession auxdits lieux [2].

### FÊTE DU SACRÉ-CŒUR DE JÉSUS

Par testament du 7 mars 1705, Marguerite de Costecaude avoit donné à la confrérie une pièce de terre de 3 rases, située à Saint-Victor, ou 3 livres de rente annuelle, au choix de son héritier, à la charge par les Pénitens Blancs d'exposer le Saint-Sacrement dans leur chapelle et d'y dire une messe le vendredi de l'octave du *Corpus Christi*, et de célébrer ainsi la fête du *Sacré-Cœur de Jésus* tous les ans, à perpétuité. Mais, par délibération du 12 mai 1705, noble Jacques Delherm

---

1. Voyez le chapitre : *Epidémies de peste*.
2. Sur la façade d'une maison de la rue des Pestiférés, on voit aujourd'hui une croix, sur laquelle est peinte l'inscription suivante : *A la mémoire des victimes de la peste de 1653 et pour perpétuer le souvenir du vœu fait, le 2 avril 1654, par la confrérie des Pénitens Blancs.*

étant prieur de la confrérie, lesdits Pénitens répudièrent cette fondation, la trouvant trop onéreuse.

Auparavant et depuis quelques années, la confrérie célébroit cette fête, à la sollicitation de ladite de Costecaude, inspirée à cela par M⁰ Jean Deltil, prieur de Saint-Victor, et de M⁰ Flotes, chanoine de Rabastens, qui avoient obtenu la permission de Mgr de La Berchère, archevêque d'Alby. Mais, voyant une grande dépense à faire pour célébrer cette fête, à cause du grand nombre de prêtres qui s'y rendoient, les Pénitens Blancs répudièrent ladite fondation et cessèrent de célébrer cette fête dès la mort de la fondatrice [1].

### FEU D'ARTIFICE POUR LA CONVALESCENCE DU ROI

Le 22 octobre 1744, les Pénitens Blancs de Rabastens firent un feu d'artifice pour la convalescence du roi Louis XV, sur la place de la porte apellée Soubirane. Ce feu d'artifice étoit fort élevé, sur un grand théâtre, et orné avec magnificence. Quantité de fusées, de pétards et de serpentaux. Plus de 100 hommes sous les armes. On ne vit jamais, à Rabastens, une si grande dépense. Un nombre infini d'étrangers de Lavaur, Lisle, Gaillac, Saint-Sulpice, Buzet, Salvagnac et autres lieux y accourut.

### PROCESSION DE SAINT BONAVENTURE

Lors de la première procession de saint Bonaventure, que firent les Pénitens Blancs le 16 juillet 1747, M. de Gourdas [2] tenta d'enlever un serpent [3] dont se servoit un pénitent pour

---

1. Cette fête fut rétablie à Rabastens en 1747. Voy. plus haut : *Missions*.
2. Gilles-Marguerite de La Fite-Pelleporc, chevalier, seigneur de Gourdas.
3. Instrument de musique, ainsi apelé à cause de sa forme, qui a été remplacé par l'ophicléide.

fournir aux basses du fauxbourdon. Ledit de Gourdas fit là quelque bruit scandaleux ; mais les Pénitens marchèrent toujours en bon ordre, et M. Pigeron de Millet, juge en chef d'Albigeois, et autres magistrats, qui assistoient à la procession, firent retirer honteusement le sieur de Gourdas. Ce dernier prétendoit que cet instrument lui apartenoit. Le père Rafis, cordelier de Toulouse, lui écrivit qu'il l'avoit donné au sieur Boyals. Celui-ci l'avoit donné à la chapelle des Pénitens Blancs.

## CONFRÉRIE DES PÉNITENTS BLEUS

Les statuts de la confrérie des Pénitens Bleus de Rabastens, érigée sous le nom de Saint-Jérôme, sont du 1er mars 1598.

Cette confrérie fit d'abord bâtir une petite chapelle de terre batue, proche du pont de Murel [1], qui fut bénie un dimanche 20 septembre 1598, par Me Arnaud Sausade, recteur de Vertus, comme il est dit dans le livre de la confrérie [2].

Le 8 janvier 1623, les Pénitens Bleus tinrent un conseil pour construire une autre chapelle, et le 7 juin 1627 on commença de jeter les fondements. Cette chapelle, construite sur le jardin que bailla M. Trusse, sous quelque rente que l'on plaide de tems en tems, est située proche du lieu où étoit l'ancienne, laquelle fut démolie [3].

La chapelle neuve fut bénie le 2 janvier 1629 par Me Géraud

---

1. L'emplacement pour la construction de la chapelle primitive fut donné, le 30 mars 1598, par noble Marie Delherm et son mari, messire Pierre de Caulet, conseiller au parlement de Toulouse. Au reste, voy. E. Marty, *Archives des notaires de Rabastens*.

2. Arch. de Rabastens, G G. 43. — Il y a lieu de corriger la date du 28 septembre, donnée par M. Rossignol, car le 28 était un *lundi* et non un *dimanche*.

3. La chapelle et le jardin joignant des Pénitens Bleus furent vendus comme *biens nationaux* et acquis, le 24 thermidor an IV, par le sieur Toulza, moyennant 3,960 francs. Ils confrontaient, du levant, avec rue publique (aujourd'hui *des Pénitents Bleus*) ; du midi, avec jardins de Morin et Gayral ; du couchant, avec la rue de Ferrières ; et du septentrion, avec place publique. *(Arch. du Tarn.)*

Rolland, recteur de Rabastens. Cette cérémonie se fit après une procession solennelle, venant de l'église du Bourg, avec les consuls et les confrères Pénitens Bleus en sac. Le prieur de la confrérie étoit alors M⁰ Jean de Jean, prêtre.

La communauté de Rabastens imposa deux mille livres pour faire faire et dorer le rétable de cette chapelle. Il fut mis en place par Jacques Boucher, dit Picard, garçon menuisier chez l'entrepreneur de Toulouse. Pierre Gaubert, bourgeois, voyant que ledit Boucher étoit habile, le fit établir à Rabastens.

Le 13 avril 1627, le pape Urbain VIII concéda une bulle d'indulgences aux Pénitens Bleus de Rabastens.

Par requête présentée aux Pénitens Bleus de Toulouse par M⁰ Truillé, prêtre, et M⁰ Jean-Baptiste Delherm, conseiller au Parlement, ceux de Rabastens demandèrent de les afilier avec eux, afin de participer aux biens spirituels qui leur avoient été accordés : ce qui eut lieu le 4 septembre 1712.

Mgr de Castries, archevêque d'Alby, permit aux Pénitens Bleus de Rabastens de faire une procession générale pour les morts, le 2 novembre de chaque année ; une autre le dernier jour de carnaval, c'est-à-dire le dimanche, et une oraison de quarante heures au mois de mai.

Anciennement, les Pénitens Bleus faisoient leur procession du Jeudi-Saint la nuit et se retiroient d'ordinaire après minuit ; mais, comme les malfaiteurs avoient trop d'occasions à la faveur de cette nuit de faire leurs mauvaises œuvres, Mgr de Castries leur défendit de faire cette procession la nuit.

Le 15 avril 1727, les Pénitens Bleus, au nombre de 75, allèrent en procession à Alby, pour gagner le jubilé. Le 17, les Blancs, au nombre de 71, les allèrent recevoir et les accompagnèrent jusqu'à leur chapelle, où fut donnée la bénédiction. Les Bleus ne passèrent pas dans la ville de l'Ile, ni en allant ni en retournant [1].

---

1. Voy. *Revue historique des années saintes ou jubilés universels, à Rome et dans le diocèse d'Albi*, par G. de CLAUSADE (Extrait du *Conciliateur du Tarn et du Midi*, mars et avril 1851).

### ÉGLISE DE SAINT-AMANS

La relique de saint Amans fut aportée de Rhodez dans l'église de Saint-Amans, paroisse située dans le consulat de Rabastens, en 1625. Elle fut obtenue des supérieurs ecclésiastiques et des consuls de Rhodez par le Père Richard Mercier, jésuite et recteur du collège dudit Rhodez.

Moi, Jean Gaubert, curé de Bracou, trouvai l'authentique de cette relique chez Bernard Vernhes, bourgeois de Rabastens, dans un vieux registre de notaire. Je le copiai et remis l'original, le 7 janvier 1725, à Me Antoine Champagnac, curé de Saint-Amans.

Cette relique est aujourd'hui dans une petite statue, représentant saint Amans, laquelle n'a qu'un pam et demi et est fort négligée. La tête de ce saint est à Rhodez. On ne donna qu'une partie de la mâchoire.

#### *Authentique de la relique de saint Amans*

Nos, infra scripti, consules urbis Ruthenæ, certum facimus hoc die, ultimo julii anni millesimi sexcentesimi vicesimi quinti, beatissimæ memoriæ sacri divi Ignatii, societatis Jesu fundatoris, ad instantiam piamque supplicationem qua reverendus Pater Richardus Mercerius, rector collegii Ruthenensis ejusdem societatis, enixe nos rogavit ut partem ei aliquam indulgeremus sanctarum reliquiarum gloriosissimi patroni nostri Amantii, in ædes sacras deferendam ecclesiæ alicujus parochialis titulo ejusdem sancti erectæ pendentisque ex prioratu Rapistanensi, cujus prior est collegium Tolosanum ejusdem societatis, ut innotesceret posteris retro venientibus, quam libenti studio daremus operam cultui adversus Deum promovendo propagandæque in sanctos christianæ religioni et plurimum confirmandæ augendæque in dies gloriæ ejusdem patroni nostri sancti Amantii. Nos aperiendam curasse lipsanothecam qua sacrum divi Amantii caput conditum religiose asservatur ex eoque abscissam maxillæ partem libenter tradidisse in supra dicta ecclesia, prope Rapistannum, reponendam, honorique maxime religioso habendam a fidelibus. In cujus perpetuam testificationem presentes litteras, tum nostra ipsorum tum secretarii nostri manu subscriptas, sigillo item nostro communivimus.

Factum Ruthenæ, ultimo julii, anno millesimo sexcentesimo vicesimo quinto. Lavayie, consul ; Gontoulas, consul ; E. Lagorrée, consul ; J. André, consul ; Papize, presbiter et custos sanctarum reliquiarum, ainsi signés.— De mandato dictorum dominorum consulum, Coigniac, secretarius. — Omnia ex licentia et facultate domini R. Paichet, vicarii generalis domini reverendissimi episcopi Ruthenensis.

PAICHET, *vic. gén.*

### ÉGLISE DE SAINT-GENIEZ

En 1744, Mᵉ Salvi Armengaud, prieur de Saint-Geniez, fit rebâtir l'église dudit lieu, là où elle est à présent. Elle fut bénie par lui le 5 juillet 1744, M. de Carrière et Mᵐᵉ de Monestier furent pris pour parrain et marraine, parce qu'ils ont du bien dans cette paroisse.

### SAINT-PIERRE DE BRACOU[1]

L'ancien chœur de l'église étoit fait en rond comme une tour ; de sorte que le haut de cette tour dominoit l'église et formoit au sommet un cabinet, où M. François Curbale, curé, tenoit ses livres. Cette tour s'abattit en 1641 et on donna alors à le reconstruire en quarré, comme il se voit encore. Mᵍʳ l'évêque d'Alby y fournit 200 livres.

Il y a apparence que c'est aussi du temps de M. François Curbale qu'on démolit le clocher en charpente, qui étoit sur la porte de l'église, et qu'on le bâtit en brique, tel qu'il subsiste encore.

Dans l'église, du côté de l'évangile, il y avoit anciennement l'autel de la confrérie de Notre-Dame de Pitié, et du côté opposé étoit l'autel de saint Blaise, qui servoit aussi pour sainte Catherine. Ces autels étoient fort anciens.

M. François Curbale fit bâtir une chapelle, du côté de l'épitre, qu'on dédia d'abord à Notre-Dame. Une autre chapelle fut construite du côté de l'évangile, aux frais de M. Jean Curbale, curé, malgré l'opposition des paroissiens, qui craignoient qu'en ouvrant la muraille en cet endroit l'église ne pût point se soutenir. Il fallut avoir recours à l'intendant, qui ordonna aux consuls de prêter main-forte pour l'ouverture de ladite muraille et d'emprisonner ceux qui s'y opposeroient. Cette chapelle fut dédiée à Notre-Dame et on dédia alors la

---

1. Voyez plus haut : *Anciens nobles de Rabastens*.

première à saint Blaise, martyr, et à sainte Catherine. Dans la chapelle de Notre-Dame est érigée la confrérie de Notre-Dame de Pitié, dont chaque membre paie 30 deniers d'entrée, 3 sols tous les ans et 16 sols pour droit mortuaire.

Les rétables des deux chapelles furent faits par Jacques Boucher, maître menuisier de Rabastens, et placés en 1665. Les bustes de saint Blaise et de sainte Catherine sont en chêne et furent faits par François Pernet, dit Champagne, sculpteur d'Alby. Ils furent dorés par Jean Houlliac, de Lavaur, et mis en place le 14 juin 1722.

Le rétable du maître-autel, fait par ledit Jacques Boucher, fut placé le 21 novembre 1660. Vers 1669, il fut fileté d'or par ledit Houlliac, et la peinture fut faite par Antoine Granier, de Rabastens. Les deux grandes statues de saint Pierre et de saint Paul sont en chêne et furent faites par un sculpteur qui travailloit celles de Giroussens. Elles furent aussi dorées alors.

Le tableau du maître-autel a 14 pans 1 pouce de hauteur et 11 pans de largeur. Il fut fait par Jacques Lemaire, peintre venu de Paris, moyennant le prix de 46 livres et la fourniture de la toile et du châssis. Ladite toile fut faite par Chinchet, tisserand de Rabastens, auquel il fut paié, pour 4 cannes 2 pans, la somme de 8 livres. Le quadre dudit tableau fut fait par ledit Champagne et doré par Houlliac, le 21 mars 1725.

L'ancien tabernacle du maître-autel, qui est à présent à l'autel de Notre-Dame, fut réparé par Jacques Boucher; Pujol, sculpteur, y fit les statues de la Vierge, de saint Pierre et de saint Paul; et ledit Granier dora le tout en 1665.

La chaire à prêcher, la balustrade du maître-autel et les deux confessionnaux furent faits par Jacques Boucher, avec les anciens marchepieds des trois autels. En 1717, François Boucher, fils dudit Jacques, fit un exposoir pour le Saint-Sacrement, avec colonnes torses et couronnement percé à jour.

Aux ailes du maître-autel, il y avoit deux crédences qui embarrassoient fort. Je peignis moi-même deux tableaux en détrempe, saint Pierre et saint Jean-Baptiste, qui furent mis à la place de ces deux petits autels, le 28 janvier 1718.

La voûte de l'église fut faite grâce à la libéralité de demoiselle Marguerite Carrière, morte en 1698, qui laissa 100 livres à l'église de Bracou.

En avril 1741, toute l'église fut réparée à neuf et, le 30 dudit mois, Trégan, marguillier, paia aux maçons 10 journées de travail, à raison de 16 sols par journée. Les 17 et 18 mai suivants, le R. P. Lafue, cordelier de Toulouse, fit deux montres solaires au clocher. Il falut 2 livres de céruse, à 7 sols la livre, 5 sols de litharge d'or pour dessécher l'huile, 2 sols de noir de fumée et 2 sols de brun rouge. Les 2 barres de fer furent paiées 18 sols. On donna 6 livres audit père, et le curé paya sa dépense et fournit l'huile gratis.

En 1740, l'église de Bracou possédoit une terre dans Loupiac, qui rapportoit 1 setier 2 boisseaux de blé, et une autre dans la paroisse de Saint-Salvi des Fieuzets, qui rapportait 1 setier de blé.

Le chapitre de Rabastens faisoit à l'œuvre de Notre-Dame de Pitié de Bracou une rente de 6 l. 15 s., au capital de 135 l., que Mᵉ Curbale lui avoit prêté en 1703. M. Curbale avoit légué cette rente à ladite œuvre, par testament du 26 février 1716, à condition de lui faire dire deux messes tous les ans. Le chapitre se libéra le 22 novembre 1748.

Par arrêté du Préfet du Tarn du 21 thermidor an XI (9 août 1803), trois succursales furent établies dans la commune de Coufouleux. Le 27 floréal an XII, M. Cathala fut nommé desservant de Saint-Victor et M. Pigeron, de Saint-Vast; le 4 prairial suivant, M. Braylé fut nommé desservant de Sainte-Quitterie.

L'église de Bracou, fermée depuis la Révolution, fut rouverte le 15 février 1806. Elle resta une annexe de Sainte-Quitterie jusqu'au 3 juin 1845, date à laquelle une ordonnance de l'Archevêque d'Albi l'érigea en succursale.

En 1869, la chapelle de Saint-Blaise était fort délabrée. M. Jauzion, curé, fit appel à la générosité des paroissiens et recueillit 365 fr. 90. La dite chapelle fut réparée et la décoration fut confiée à Guillaume Damon, peintre de Lavaur, qui avait déjà décoré toute l'église. Il fut payé au peintre 250 francs.

Les vitraux de l'église, faits par Bordieu, de Toulouse, coûtèrent 35 francs le mètre carré, soit 133 francs, et furent placés la semaine avant la Saint-Pierre de l'année 1869.

L'autel du sanctuaire, en marbre blanc, fut acheté chez M. Bergès, à Toulouse, et coûta 500 francs. Il fut placé les 17 et 18 octobre 1871.

### *Inventaire des tableaux en 1740*

1° Six tableaux : *Le crucifiement de saint Pierre, saint Pierre aux liens, la nativité de la Sainte Vierge, saint Bernard, saint Antoine* et le tableau du maître-autel, où sont représentés *un Christ, la Sainte Vierge, saint Jean l'évangéliste et sainte Madeleine*, tous faits par Jacques Lemaire, peintre parisien ;

2° Deux tableaux, représentant l'un *saint Pierre* et l'autre *saint Jean dans le désert*, peints à la détrempe par M. Gaubert, curé ;

3° Un tableau représentant *saint Raymond de la Mercy* ;

4° Le tableau du rétable de la chapelle de Notre-Dame, celui représentant *la sainte Famille*, donné par Raymonde Barthez, femme de M. Sabatier, bourgeois de Rabastens[1], et le grand tableau représentant *un Christ, la Sainte Vierge, saint Pierre et saint Paul*, qui étoit autrefois au grand-autel, tous faits par Richard Camp, peintre de Rabastens ;

5° Le tableau du rétable de la chapelle de Saint-Blaise, fait par Antoine Granier, peintre de Rabastens, représentant *saint Blaise guérissant un enfant, que lui présente sa mère, d'une arête de poisson qui l'étrangloit.*

### ROI ET REINE DE BRACOU

Anciennement, les paroissiens de Bracou faisoient de grands fraix, aux dépens de l'église, à l'occasion du Roi et de la Reine qu'on établissoit chaque année, le dimanche après la Saint-Pierre. Pour cette cérémonie, on conservoit bien des septres

---

1. Voyez pages 44 et suivante.

en sculpture et des couronnes de carton doré, mais les marguilliers achetoient du tafetas et des rubans, pour orner les cierges que le Roi et la Reine devoient offrir à l'église. De plus, les marguilliers donnoient de l'argent de l'église à tous ceux qui, toute la nuit de la veille, le jour de cette fête et le dimanche suivant, alloient dans la paroisse, dansant devant chaque maison, au son des instrumens et tambours, et attirant à ces folies la jeunesse et les filles, ce qui étoit un grand libertinage. Tous ces jours de fête se passoient à danser, folâtrer, ou dans les cabarets. On plantoit un arbre, appelé *Mai*, près de la croix du hameau des Pagésés, où on alloit danser tous ces jours là, profanant ainsi cette croix et le saint jour du dimanche et de la fête. Ce *Mai* s'achetoit aux dépens de l'église, et les joueurs d'instrumens étoient aussi paiés par les marguilliers, aussi bien que tout ce qu'ils mangeoient et buvoient pendant ces débauches de nuit et de jour.

Me Jean Curbale, curé, voulut supprimer tout cela, en tentant de faire nommer des marguilliers qui fussent plus « exacts »; mais comme chaque marguillier sortant nommoit son successeur, ils continuèrent à se nommer du même caractère, sans l'écouter ni le consulter[1]. Les marguilliers disposant seuls de l'argent de l'église, faisoient ainsi des folles et impies dépenses, sous prétexte du léger profit qu'on pouvoit faire des cierges du Roi et de la Reine, profit qu'on ne paioit presque jamais. Enfin, M. Curbale obtint la suppression de ces cierges, de ce Mai, de ces danses et de ces dépenses, par ordonnance de Mgr de Serroni, archevêque d'Alby; mais, les paisans s'en moquant, on obtint de l'Intendant, en 1664, la permission de faire couper ledit Mai par le valet des consuls, soutenu de soldats armés. Ça se fit à la face des danseurs, des joueurs d'instrumens et de toute la populace, sans que personne osât bouger. Depuis, il fut défendu aux marguilliers de rien acheter aux dépens de l'église sans l'agrément du curé, et de nommer leurs successeurs, sans en être convenus avec lui, en secret. On continua à faire un Roi et une Reine à la confrérie de Notre-Dame, mais sans danses ni scandales ni

---

1. Voy. ROSSIGNOL, *Monogr. comm.*, t. IV, p. 244.

joueurs d'instrumens. Enfin, M. Jean Curbale établit dans son église un ordre admirable, tant au spirituel qu'au temporel.

### JUBILÉ DE 1722

Le 14 février 1722, les paroissiens de Saint-Pierre de Bracou allèrent en procession à Rabastens, pour gagner le jubilé, portant la bannière ou confalon des Pénitens Blancs de ladite ville. Le chapitre vint nous recevoir avec la croix au haut de la côte du Port-Haut. Nous allâmes, en bon ordre, chanter les prières du jubilé dans l'église des Annonciades. De là, nous nous rendîmes dans l'église du Bourg, où la grand'messe fut célébrée avec diacre, sous-diacre, prêtre assistant, maître des cérémonies, etc. Nos paisans seuls chantèrent la messe roiale, avec l'applaudissement de toute la ville qui y assista. La plupart des assistans montoient sur les bancs, faute d'avoir d'autre place, tant la foule étoit grande. Enfin, on alla chez les Cordeliers et de là on s'en retourna à Bracou, où on arriva à 12 heures.

### NOTES BIOGRAPHIQUES SUR QUELQUES CURÉS

M*e Antoine Delherm*, curé de Bracou, natif de Rabastens, donna à l'église la croix processionnelle d'argent, sur laquelle il y a ses armoiries [1], en 1624, et un ornement complet de velours rouge, et aux Pénitens Blancs de Rabastens, un ornement complet de velours bleu. Il céda sa cure, sous pension, à *Amant Gineste*, originaire de Rieux, le 24 janvier 1635.

M*e François Curbale* [2], frère de Jeanne Curbale, femme de Pierre Gaubert, mes grands parents, obtint la prêtrise le 5 avril 1631. Il étoit très savant et enseigna d'abord la rhétorique au collège de l'Esquille, à Toulouse. Ensuite, il impétra

---

1. *De gueules à 3 larmes d'argent, posées* 2, 1.
2. Armes : *d'argent à un cœur au naturel, enflammé*.

la cure de Bracou audit Gineste, parce qu'il ne portoit pas l'habit ecclésiastique, et en prit possession le 2 juillet 1637.

Ce Gineste portoit un habit rouge, un chapeau à bord d'or avec un plumet et son épée toujours au côté. Il tenoit un vicaire à Bracou et promenoit dans cet équipage les rues de Toulouse, étant habillé en officier de guerre et c'étoit un curé.

M. François Curbale fit rebâtir le chœur de l'église; construire la chapelle de saint Blaise; réparer, en 1657, la croix processionnelle, par Michel Béraud, orfèvre de Rabastens; et commanda le rétable du maître-autel à Jacques Boucher, menuisier de Rabastens, lequel ne fut mis en place que sous son successeur.

François Curbale résigna sa cure à M⁶ Jean Curbale, son neveu, le 29 septembre 1659. Il mourut à Bracou le 28 juin 1660 et fut enterré à l'entrée du chœur de l'église.

M⁶ *Jean Curbale*[1] prit possession de la cure de Bracou le 26 juin 1660. Comme il étoit très savant, ayant brillé à l'Université de Toulouse dans toutes ses classes, dès qu'il fut curé, Mgr du Lude, évêque d'Alby, le nomma vicaire forain du district de Giroussens. Plus tard, M. Curbale fut sindic du diocèse.

Mgr de Serroni, archevêque d'Alby, avoit tant d'estime pour M. Curbale, qu'il lui demandoit son avis, en secret, aussi bien pour les affaires du diocèse que pour les affaires d'Etat, car Louis XIV consultoit ce profond et savant prélat, le plus habile politique du royaume. Les lettres adressées par Mgr de Serroni audit Curbale sont parmi les papiers de M. Jean Bérenguier, son héritier[2]. Par ordre de ce prélat, M. Curbale fit la visite générale du diocèse, accompagné de l'archiprêtre de l'Isle; tellement qu'on le venoit recevoir avec le poêle, à chaque église, comme un évêque; mais il ne voulut, nulle part, de telles honneurs. Enfin, Mgr de La Berchère eut pour lui une vénération toute particulière.

M. Curbale eut un grand zèle pour la décoration de son

---

1. Armes : *d'or à un cœur au naturel, surmonté d'une croix de pourpre.*
2. Voy. E. Marty, *Arch. des notaires de Rabastens*, à la date du 6 mars 1716.

église. Il fit bâtir la maison presbitérale, en 1664, à ses dépens, et aussi la chapelle de Notre-Dame de Pitié. Ensuite, il fit faire les rétables des deux chapelles par Jacques Boucher, et les fit fileter d'or, ainsi que le rétable du maître-autel.

M. Curbale distribuoit aux pauvres, dans les années disetteuses, plus de 500 écus. Il passoit les nuits presque entières en oraison et portoit sur la chair une ceinture d'une chaîne de fer. Bon, affable, ami des prêtres, accrédité auprès des grands prélats et autres seigneurs, M. Curbale étoit fort estimé et respecté de tout le monde. Il me résigna la cure de Bracou le 11 mars 1712 et mourut le 6 mars 1716, âgé d'environ 85 ans.

M<sup>e</sup> *Antoine Capèle*, curé de Bracou, naquit à Rabastens le 7 novembre 1756. Il fit ses études au séminaire de Toulouse, fut admis dans la compagnie de Saint-Sulpice, professa successivement dans les séminaires d'Autun et de Bourges et partit ensuite au Canada, où il ne fit qu'une apparition. A son retour en France, M. Emery l'envoya au séminaire Saint-Irénée, à Lyon, où il ne passa que l'année 1783-84. *C'est un bon maître*, écrivait son supérieur, M. Gazaniol, de Graulhet ; *il n'a point de malice, mais il a une tête mal organisée*. En quittant Lyon, M. Capèle sortit en même temps de la compagnie de Saint-Sulpice.

Le 29 mai 1791, M. Capèle fut nommé, par les électeurs du district de Gaillac, curé de Saint-Pierre de Bracou. Le 7 nivôse an II, il fut accusé d'avoir abandonné ses lettres de prêtrise *pour mieux égarer le peuple*, et le 26 suivant, il fut nommé président de la *Société populaire de Rabastens*[1].

D'après le *Tableau des évêques constitutionnels*, M. Capèle, étant curé de Bracou, fut élu évêque de Port-Liberté, à l'ouest de Saint-Domingue, par le concile national, tenu à Paris en 1797, mais il ne fut pas sacré.

Lors de la vente des *biens nationaux*, M. Capèle acheta le presbytère de Bracou, où il fit la classe à quelques enfants et où il mourut le 23 juin 1834.

---

1. Sur le rôle de M. Capèle pendant la Révolution, voyez E. MARTY, *Procès-verbaux des séances de la Société populaire de Rabastens* et *Délibérations des conseils politiques de Rabastens*.

On ne put jamais obtenir de lui la rétractation de son serment constitutionnel : *J'ai fait un serment*, répondait-il, *je n'en fais pas deux*. L'archevêque d'Albi, M^gr Brault, étant un jour à Rabastens, en cours de visite, le curé de cette ville invita M. Capèle, qui eut un entretien avec l'archevêque, en présence de plusieurs ecclésiastiques. Après de charitables exhortations inutiles, M^gr Brault en appela à sa dignité : *Apprenez que je suis évêque !* lui dit-il. Et M. Capèle de répondre : *Je l'aurais été avant vous, si j'avais voulu l'être !*

## MÉZENS

*Charte de franchises ou de privilèges, accordée aux habitants de Mézens par Pierre-Raymond et Pelfort de Rabastens, frères* (5 mars 1286 v. s.). (Voy. ROSSIGNOL, *Monographies comm.*, t. IV, p. 267.)

Le 4 mai 1633, Pierre Garrigues et Antoine Cazes, notaires de Bessières, Jean Crouzet et Jacques Garrigues, notaires de Buzet, tous ensemble, dressèrent une copie authentique de cette charte, d'après une expédition faite en 1286, par P. Boffat, Barade et Guillermi, notaires, à eux exhibée par Madame de Papus, seigneuresse de Mézens. Une autre copie de cet acte fut faite le 18 juin 1649, à la réquisition de messire Jean-François de Gineste, baron de Mézens et président en la chambre des Enquêtes, au palais de Toulouse.

La copie ci-dessus a été faite par moi, Jean Gaubert, curé de Bracou, sur une expédition que m'exhiba Antoine Gaffier, de Notre-Dame de Grâce, le 4 juillet 1742 ; ensuite M. d'Espanez, seigneur de Mézens, me montra l'expédition authentique de 1286, sur parchemin.

*Vente par les consuls de Rabastens, à Pierre-Raymond de Rabastens, seigneur de Mézens, du droit qu'ils avaient d'exercer dans cette dernière localité la justice des causes criminelles et de certaines causes civiles et aussi d'y imposer les tailles* (27 oct. 1369 *corr.* 26 mai 1374). (Voy. E. MARTY, *Cartul. de Rabastens*, doc. n° 50.)

2 septembre 1468. — *Transaction entre les habitants de Rabastens et ceux de Mézens, au sujet de la contribution de ces derniers au paiement de l'albergue et des tailles imposées au dit Rabastens* (2 septembre 1468). (Voy. E. Marty, *Cartul. de Rabastens*, doc. n° 59.)

Par délibération de la communauté de Rabastens, fut dit qu'il falloit cotiser les carteirades des habitans et bientenans de Mézens. Ce qu'estant fait, appel en fut relevé en la Cour des aides par les cotisez ; mais la cotisation fut confirmée par arrêt de ladite Cour du 10 juin 1631 [1].

*Reconnaissance faite par les habitans de Mésens à messire Jean-François de Gineste, baron dudit lieu* (avril 1649).

Les habitans de Mésens reconnoissent avoir reçu toute sorte de liberté et avoir été délivrés d'esclavage et servitude par les seigneurs barons de Mésens, sous les redevances qui s'ensuivent :

Premièrement, sur chaque habitant et bientenant, aiant maison à Mésens, un journal et une géline, paiables, savoir : le journal, de Carmantran à saint Jean-Baptiste, sans aucune sorte de dépense que le seigneur soit tenu de leur faire ; et la géline, à saint Vincent.

Plus, sur chaque étranger qui viendra habiter audit Mésens, les mêmes droits et de plus 2 sols.

Plus, que le seigneur arrivant audit Mésens et qu'il aura besoin de quelque chose, soit pain, vin, foin, avoine et autres choses comestibles, les habitans seront tenus de les lui vendre ou sinon il lui sera permis de les prendre d'autorité, à l'estimation qui en sera faite par deux prud'hommes du lieu, à la charge de la tenir à compte sur les rentes et autres droits qu'ils devront audit seigneur ; et si ce qu'il prendra montoit plus, ledit seigneur sera tenu de le leur paier ou bailler assurances.

Plus, seront tenus lesdits habitans d'accompagner et suivre ledit seigneur, quand ils seront requis, contre toutes personnes et querêles, excepté contre le Roi de France, savoir : 2 jours à leurs dépens, et tout le reste du tems, jusqu'à ce qu'ils soient retournez audit Mésens, aux dépens dudit seigneur.

Reconnoissent lesdits habitans :

1° Ne pouvoir pescher dans le ruisseau de Passé et fleuve de Tarn, droit qui est à perpétuité audit seigneur.

---

1. Voy. Rossignol, *Monographies comm.*, t. IV, p. 233.

2° Que ledit seigneur a toute justice haute, moienne et basse, avec faculté de créer tous officiers [1].

3° Qu'ils sont tenus, à chaque changement de seigneur, prêter le serment de fidélité.

4° Etre obligés de faire toutes réparations et fortifications pour la défense du château, lorsqu'ils en seront requis.

5° Que toutes les terres qui sont audit Mésens sont mouvantes de la directe dudit seigneur.

6° Le four banier [banal] et paier de 20 un, et ne pouvoir bâtir aucun four, sans la permission du seigneur.

7° Le moulin banier.

8° La forge banière.

9° Etre tenus de faire garde de nuit et de jour audit château, et de tenir le fossé d'icelui bien net et recuré.

10° Ne pouvoir tenir pigeonniers, garennes, ni pouvoir chasser, sans la permission du seigneur.

11° Les terres et possessions dudit seigneur ne pouvoir être cotisées, ni celles de l'ancien domaine du château, lorsqu'elles seront réunies au domaine d'icelui, par droit de prélation ou autrement.

12° Etre tenus, chacun en particulier, passer reconnoissance desdits droits, bornes, etc.; faire montres desdits fiefs; porter les censives dans ledit château ; de n'entreprendre aucune chose dans la terre dudit seigneur, ni permetre et tenir la main être fait au préjudice de sa personne, de ses enfans, serviteurs ou domestiques, ni de sa justice directe, droits seigneuriaux et de ses biens, ni de la juridiction et directe dudit seigneur en général ou en particulier; aucune charge, pension ou rente qui puisse diminuer les droits dudit seigneur, sur les peines par le droit et ordonnances du Roi, auxquelles ils se soumètent.

13° Ledit seigneur avoir droit de péage, soit par terre soit par eau, de toutes sortes de denrées qui passent dans la juridiction de Mézens, dont toutefois les habitans sont exemps et ne doivent rien paier, quoi qu'ils entrent ou sortent de leur creu.

Avant qu'il y eût de maire à Rabastens, M. de Carrière, gentilhomme, premier consul de Rabastens [2], alloit, en cette qualité, le 15 août, mètre les consuls à Mézens. Il se soutint

---

1. En vertu de l'édit de mars 1695, le 4 septembre 1698, la justice haute, moyenne et basse du lieu de Conques et de Notre-Dame de Grâce, avec tous droits utiles et honorifiques et faculté de faire administrer la justice et d'instituer et destituer tous officiers pour l'exercice d'icelle, furent vendus à Marguerite de Majouret, veuve du sieur de Gineste, moyennant le prix de 400 livres, plus 2 sols pour livre. Cette somme avait été versée entre les mains du trésorier royal, le 7 août précédent. (*Archives nationales*, carton Q 1, n° 1552.)

2. Jean-Antoine de Carrière fut premier consul de Rabastens en 1680-82.

dans ce droit, disant que ce droit apartenoit au premier chaperon de Rabastens. On ne le fait plus à présent (1747), et on ignore comment ce droit est perdu pour Rabastens.

## LOUPIAC

Par instrument du 2 juin 1380 [1], retenu par Jean de Mareux, notaire de Rabastens, messire Baulac de Baulac, seigneur de Saint-Géry et de Loupiac, confirma aux habitans de Loupiac les privilèges dont ils jouissoient.

Les mêmes fondeurs qui firent la cloche des dames Annonciades, le 15 septembre 1742, comme il est dit ailleurs [2], firent en même tems la cloche de Loupiac, qui pèse 3 quintaux 60 livres, moiennant 30 livres de façon. Ils fournirent 38 livres de métail, à raison de 18 s. 6 d. la livre. Le 1er novembre suivant, Mᵉ Joseph Dubois, prieur de Loupiac, fit la bénédiction de cette cloche. Furent parrains, Mᵉ Jean-Jacques de Rey, seigneur de Loupiac et conseiller au parlement de Toulouse, qui, étant malade, se fit remplacer par son fils, et dame Marie-Anne de Foucaud, femme dudit seigneur. Leurs noms sont sur ladite cloche.

## GIROUSSENS

Mᵉ Joseph Castanier, curé de Giroussens, aiant fait rebâtir et voûter, en 1727, la chapelle de Saint-Roch, obtint de l'archevêque d'Alby d'ériger dans cette chapelle une confrérie à l'honneur dudit saint. Les statuts, dressés par moi, furent approuvés par ledit archevêque, le 1er août 1727.

---

1. Il y a lieu de corriger la date du 11 juin, donnée par M. Rossignol (*Monogr. comm.*, t. IV, p. 249).
2. Voy. plus haut : *Couvent des Annonciades*.

## SAINT-PIERRE DU PUY [1]

Par ordonnance du 19 octobre 1740, donnée à Saint-Pierre du Puy, M*gr* Jean de Brunet de Pujols-Castelpers de Panat, évêque d'Evrie et vicaire général de l'archevêque d'Alby, permit à Marie Pausier, veuve de Barthélemy Fauré, de faire construire dans l'église dudit lieu la chapelle de Notre-Dame de Pitié, et me commit, en qualité de vicaire forain du district de Giroussens, pour la bénir ; ce qui eut lieu le 1er août 1742.

Ladite Pausier mourut en 1743, au mois de mars, et fut enterrée dans ladite chapelle, en qualité de fondatrice.

## LE DUC DE MONTMORENCY

(Suit l'historique de la condamnation et de l'exécution du duc de Montmorency ; mais, tous ces détails étant connus depuis longtemps, il est inutile de les reproduire ici.)

### SUR LA MORT DU DUC DE MONTMORENCY

Mars est mort : il n'est plus que poudre.
Et ce grand phénix des Guerriers,
Sous une forêt de lauriers,
N'a sçu se garentir du Foudre.

Sa tête vient d'être coupée,
Au regret de tout l'Univers.
Il ne vit plus que dans nos vers
Ou de ce qu'a fait son épée.

Toi qui les lis et ne sais pas
De quelle façon le trépas
Attaqua cette âme guerrière,

Ces deux vers t'en feront savant :
La Parque l'a pris par derrière,
N'osant l'attaquer par devant.

---

1. Voy. *Albia Christiana*, t. VIII, 1911, p. 114.

## FAMILLES DE ROLLET [1] ET DE LA ROQUE-BOUILLAC [2]

M. de Cordes [3], colonel d'un régiment nouveau, ancien page du roi Louis XIV, fils de M. de Rollet [4], de Rabastens, fut commandant aux Cévennes, dans le feu des *Camisards*. A son retour, il fit bâtir sa maison, joignant la maison de ville de Rabastens, laquelle échut par substitution à la famille de Gourdas. M. de Gourdas [5], venu de Verdun-s/-Garonne, avoit épousé une fille de M. de Rollet, qui eut de son père un legs de 25 mille livres.

Lorsque M. de Cordes alla commander aux Cévennes, contre les fanatiques, il prit plusieurs personnes de Rabastens, entre autres M. Lestang, écrivain greffier, et le sieur Lafontaine, hôte au bout de la côte du Port-Haut, qui s'y enrichirent.

M. de Cordes mourut d'apoplexie, à Mareux ; puis, mourut M. de Castelnau, son frère [6]. M. de Rollet, père, étoit aussi mort d'apoplexie, à Castelferrus.

M. de Castelnau, grand capitaine, fut récompensé par le Roi d'une rente de douze cents livres par an, parce qu'il avoit eu une jambe coupée par un boulet et les yeux crevés d'un coup de fusil à la guerre. Il s'étoit marié avec M$^{me}$ de Gineste, seigneuresse de Mézens [7].

---

1. DE ROLLET : *D'azur, à 6 losanges d'or ; au chef de gueules, chargé de 3 lionceaux d'argent.*
2. DE LA ROQUE-BOUILLAC : *D'argent ; au chef d'azur, chargé de 3 rocs d'or.*
3. Jean-François de Rollet, marquis de Cordes-Tolosannes, baron de Castelferrus.
4. Jean-Blaise de Rollet, marquis de Cordes-Tolosannes, baron de Castelferrus.
5. Louis de La Fite, écuyer, seigneur de Gourdas, épousa, par contrat du 30 sept. 1668, Anne de Rollet, fille de Jean-Blaise de Rollet et de Suzanne de Faudoas *(Généalogie de la maison de La Fite de Pelleporc)*.
6. Gilles de Rollet, baron de Cordes-Tolosannes et de Castelferrus, fils de Jean-Blaise de Rollet et de Suzanne de Faudoas, épousa le 6 février 1667, Guyonne de Rollet, sa cousine germaine, fille de Jean-François de Rollet, baron de Jalenques, Mareux, etc., et de Cécile de Vinel (E. MARTY, *Arch. des notaires de Rabastens*).
7. Marguerite de Majouret d'Espanés, veuve de Antoine-François de Gineste, baron de Mézens, épousa, le 13 oct. 1706, Jean-François de Rollet-Castelnau, fils de Gilles de Rollet et de feue Guyonne de Rollet. (E. MARTY, *Arch. des notaires de Rabastens.*)

Le grand-père[1] desdits sieurs de Cordes, colonel, et de Castelnau, capitaine, reçut une lettre du roi Louis XIII qui, en 1620, étoit venu au siège de Montauban, contre les rebelles huguenots, avec des troupes commandées par le duc de Mayenne. Pendant ledit siège, où le duc de Mayenne fut tué, le roi étant en quartier à Picoques, près de Montauban, écrivit une lettre à M. Jacques de Rollet, à Rabastens, qui fait trop d'honneur à cette famille pour la laisser sous le silence. En voici la teneur :

*J'envoie le duc de Mayene au siège de Montauban. Donnez lui votre secours et gardez moi la fidélité comme ont fait vos ancètres.* Louis.

M. de Rollet se signala dans ce siège et les rebelles furent réduits à la soumission due à leur prince légitime.

Le pape Clément XI étoit parent de M. Cordes. Aussi, ce Monsieur lui écrivit en faveur de l'évêque de Saint-Papoul, qui venoit d'être nommé, et Sa Sainteté lui envoia les signatures et bulles pour son évêché gratis.

M. de Cordes se disposoit à aller à Rome visiter ce pape, mais sa femme[2], trop avare, quoique d'une maison encore plus illustre que lui, plaignoit la dépense pour ce voiage et elle le lui faisoit différer; enfin elle en fit tant, qu'il mourut sans y être allé.

M. Louis de La Roque-Bouilhac, marquis de Saint-Géry, étoit le plus savant gentilhomme qu'il y eût peut être en France. Il avoit une des plus belles bibliothèques, grand esprit, homme intrépide. Son fils, Gilles, fut le dernier de cette famille. Il mourut d'apoplexie, à Rabastens, un mercredi, premier jour de mai 1737, et fut enterré dans la chapelle du Saint-Esprit de l'église des Cordeliers de ladite ville, qui lui appartenoit et dans laquelle il y a ses armoiries.

Ces deux familles de Rollet et de La Roquebouilhac sont à présent éteintes.

---

1. Jean-Jacques de Rollet, baron de Jalenques.
2. En 1699, Marie-Françoise de Mâcon-Duché est qualifiée épouse de Jean-François de Rollet, marquis de Cordes (E. Marty, *Arch. des notaires de Rabastens*, p. 152).

# TABLE DES MATIÈRES

| | |
|---|---|
| Introduction | 5 |
| Origine de Rabastens | 11 |
| Anciens nobles de Rabastens | 12 |
| Administration municipale | 14 |
| Impositions | 18 |
| Moulins | 19 |
| Ports | 20 |
| Troubles de la Réforme | 23 |
| Aliénation du domaine royal de Rabastens | 25 |
| Querelle entre la Matte et la Séquelle | 37 |
| Nouvelle querelle entre la Matte et la Séquelle | 42 |
| Epidémies de peste | 50 |
| Missions | 51 |
| Panique de 1703 à Rabastens | 52 |
| Eglise Saint-Michel | 53 |
| — Notre-Dame du Château | 53 |
| — Notre-Dame du Bourg | 58 |
| Chapelle Notre-Dame du Pont-Neuf | 63 |
| — Saint-Roch | 68 |
| — Saint-Jacques | 69 |
| Prieuré et Chapitre | 70 |
| Hôpital | 76 |
| Couvent des Cordeliers | 76 |
| — des Annonciades | 79 |
| Confrérie des Pénitents blancs | 82 |
| — des Pénitents bleus | 89 |
| Eglise de Saint-Amans | 91 |
| — de Saint-Geniez | 92 |
| Saint-Pierre de Bracou | 92 |
| Mézens | 100 |
| Loupiac | 103 |
| Giroussens | 103 |
| Saint-Pierre du Puy | 104 |
| Le duc de Montmorency | 104 |
| Familles de Rollet et de la Roque-Bouillac | 105 |

ALBI, IMPRIMERIE COOPÉRATIVE DU SUD-OUEST — 12-620